国际金融主导权：

形成与转移

张应华 著

中国商务出版社
CHINA COMMERCE AND TRADE PRESS

图书在版编目（CIP）数据

国际金融主导权：形成与转移／张应华著. —北京：中国商务出版社，2019.10

ISBN 978-7-5103-3173-2

Ⅰ.①国… Ⅱ.①张… Ⅲ.①国际金融—国际经济关系—研究 Ⅳ.①F831.6

中国版本图书馆 CIP 数据核字（2019）第 276944 号

国际金融主导权：形成与转移
GUOJI JINRONG ZHUDAOQUAN：XINGCHENG YU ZHUANYI

张应华　著

出　　　版：中国商务出版社
地　　　址：北京市东城区安定门外大街东后巷 28 号　　邮　　编：100710
责任部门：国际经济与贸易事业部（010-64269744　64515150）
责任编辑：张高平　何　昕

总 发 行：中国商务出版社发行部（010-64208388　64515150）
网　　　址：http://www.cctpress.com
邮　　　箱：cctp@cctpress.com

印　　　刷：北京建宏印刷有限公司
开　　　本：787 毫米×1092 毫米　1/16
印　　　张：15　　　　　　　　字　　数：230 千字
版　　　次：2019 年 12 月第 1 版　　印　　次：2019 年 12 月第 1 次印刷
书　　　号：ISBN 978-7-5103-3173-2
定　　　价：55.00 元

序
Preface

　　当前世界面临百年未有之大变局，特朗普总统以"美国优先"为第一原则，肆意破坏国际规则，不顾时代大势，掀起"逆全球化"浪潮，推行霸凌主义，成为当今世界政治经济不稳定的最大成因，使本已脆弱的国际金融治理更加艰难，国际金融体系改革更加举步维艰。美国的所作所为，本质上在于其不愿意放弃或让渡自布雷顿森林体系以来形成的以美元本位制为核心的金融霸权。金德尔伯格等著名美国经济学家为其进行理论辩护，认为世界经济需要有像美国这样的霸权国家充当最后贷款人角色，维护国际金融秩序的稳定，即霸权稳定论。

　　但事实一再证明，美国金融霸权恰恰也是造成地区或国际金融危机频发的重要原因。美国通过制造危机、转嫁危机的霸权行径，一次次地"剪其他国家或地区经济的羊毛"。中国正是美国这种金融霸权行径的重要受害者之一，2008年金融危机爆发，中国的金融稳定和经济增长面临巨大威胁；危机之后，美国又通过其自私自利的货币政策、汇率政策、外交途径等各种手段，逼迫人民币升值，打压中国制造业和出口能力，中国货币政策的独立性和金融安全受到威胁。

　　那么，除了金融霸权之外，还有没有其他形式可以来主导国际金融事务？在美国霸权地位并未衰退的情况下，如何构建一个公平合理的国际金融秩序？中国已经崛起为世界第二大经济体，但要全面超越美国还需要一个漫长的过程。在这期间，中国将如何定位自己，在国际金融体系中充当什么角色，以及如何保障国家金融主权和金融安全？

　　正是基于这些思考，作者抓住了国际金融治理体系改革的核心问题——国际金融主导权的再分配问题，深入研究国际金融主导权的形成与转移问题。在世界无中央政府和中央银行的情况下，国际社会需要有一个主导力量和核心权力——国际金融主导权，来主导国际金融事务，维护国际金融秩序稳定。但是，国际金融主导权的内涵是什么，它是如何形成的，又是如何在大国间发生转移的，大国间为此是如何博弈的，对世界经济有何影响等问题，现有的研究甚少。

作者运用国际金融主导权这个概念，既阐述了国际金融治理体系中需要主导力量的客观规律，在规避金融霸权为所欲为的破坏作用的同时，也承认了美国的国际金融主导地位的客观事实。这对于推动国际金融体系改革，减少改革阻力，发挥中国等发展中国家的建设性作用，建立公正合理的国际金融秩序具有积极的理论指导意义。

中国与美国，一个新兴崛起大国与一个霸权守成大国，两国之间的关系异常复杂，竞争与博弈也异常激烈。国际金融主导权作为两国博弈和竞争的一个焦点，既要防止两国因过度竞争而演变为全面竞争，陷入"修昔底德陷阱"，引发战争；也要防止两国均缺乏主导国际金融事务、维护国际金融秩序稳定的意愿，而陷入"金德尔伯格陷阱"，造成类似1929—1939年的经济大萧条。

中国作为一个负责任的大国，既要奋发有为，争取与国家实力相对应的国际金融主导权，为维护国际金融秩序稳定，推动公正合理的国际金融关系构建发挥建设性作用；也要量力而行，循序渐进，团结国际社会一切积极力量，在尊重美国国际金融主导权地位的同时，限制其金融霸权行径，促使其成为一个负责任的大国，积极构建一个由多国共享的国际金融主导权体系。

我们必须清楚地认识到，中国目前尚只是世界第二大经济体。即便中国在不久的将来成为世界第一大经济体，其综合实力也远未达到世界第一，人均水平仍然很低。中国依旧只是一个发展中大国，与发达的美国存在较大的差距。中国要全面超越美国，还有很长的路要走。中国既要坚持"四个自信"，也要有坚定的战略定力，不能被国际社会的吹捧和国内取得的瞩目成就冲昏头脑。须知，美国在1944年通过布雷顿森林体系获得制度性的国际金融主导权的50年前，即1894年，就已经超越英国成为世界第一大经济体，在第一次世界大战前夕的1913年已经成为综合实力第一的世界强国。然而，在这50年里，美国仍然韬光养晦，始终在对外扩张争取世界权力与对内发展打好基础之间保持好平衡。况且，期间还爆发了两次世界大战和一次大规模的经济危机，帮助美国消除了昔日霸主英国的阻挠和同为新兴大国的德国与日本的威胁，助力美国登上世界霸主的宝座。

中国要争取国际金融主导权地位，最重要的还是做好自己的事情，发展国内经济，改善民生，增强人民福祉，构建国家现代治理体系，提升国家现代治理能力。发展是硬道理，发展是解决一切问题的基础。从国家利益看，争取国际金融主导权是为发展经济，增强人民福祉服务的，而不是为了权力而争夺权力。中国必须认真吸取和总结西方资本主义国家为追求全球化过程中经济利益和国际权力的最大化，而忽视国内产业空心化、贫富差距扩大化、群族对立严重化、中下阶层边缘化等社会问题的惨痛教训。所以，中国最主要、最根本的还是优化经济结构，转变经济发展方式，构建现代市场经济体系，推动经济由高速增长向高质量发展转变，实现中共十八大确立的在中国共产党成立一百周年时全面建成小康社会和中华人民共和国成立一百周年时达到中等发达强国的"两个一百年"奋斗目标，真正实现一百多年来一代代中华儿女为之奋斗的中华民族伟大复兴的中国梦。

中国要争取国际金融主导权地位，必须大力发展金融业，使中国由金融大国发展成为金融强国。如果金融不强，掌握不了商品和资产的定价权，始终处于被动的位置，不停地被美国"薅羊毛"，就不可能成为真正的强国。中国必须加大培养金融精英人才，人才是第一资源，中美之间的竞争，归根到底是人才的竞争。中国必须加大金融创新力度，使中国逐渐成为金融创新的前沿阵地，引领国际金融发展。中国必须构建真正有影响力的国际金融市场，让中国价格逐渐成为世界价格变化的衡量标尺。但是中国也要吸取美国虚拟经济过度繁荣，产业空心化的教训，始终坚持金融必须服务于实体经济发展的本质，避免金融空转，过度投机，从一个极端走向另一个极端。

中国金融业正迎来前所未有的大发展时期。中国经过40年的快速发展，积累了大量的社会财富，拥有世界最多的居民储蓄和外汇储备，存在着巨大的投资理财需求和资本潜力。中国的金融市场结构正在发生着根本性的变化，从银行主导的间接融资向资本市场主导的直接融资转变，中国内地和中国香港分别成为世界第二大和第三大资本市场。人民币已经成功加入特别提款权（以下简称 SDR）货币篮子，成为继美元、欧元后的第三大国际货币，人民币在国际交易支付、贸易融资和国际储备中的地位稳步上升。中国互联网金融的快速发展，正引领国际金融业发生革命性变革，新业态层出不穷，普惠金融逐渐成为现实。2018 年拉开的新一轮金融业超前力度的改革开放大幕，正将中国金融业推向高质量发展的快车道。

中国要争取国际金融主导权，必须始终秉承合作共赢的原则，高举构建人类命运共同体的旗帜，积极推动地区和国际经济金融合作，为促进世界经济发展，维护全球经济金融稳定，贡献中国智慧和中国力量，提供中国方案，传递中国"安天下"的优秀文化精髓。近年来，中国始终以负责任的态度，坚决抵制贸易保护主义，维护自由贸易体制；始终以开放的心态，欢迎他国搭乘中国经济快速发展的便车，为世界经济发展注入新活力、供给国际公共产品。中国负责任、值得信赖的国际形象得到越来越多的国家认可。中国发起成立的亚投行和金砖国家新开发银行，已成为继世界银行和国际货币基金组织之后的重要国际金融机构。中国发起的"一带一路"倡议，正成为日益受到国际社会欢迎和重视的国际投资与合作的公共平台。中国在国际金融领域的影响力正稳步提高，国际金融主导权地位稳步提升。

中国要争取国际金融主导权，必须明确指出，中国不是要取代美国的国际金融主导权地位，而是坚决反对和抵制其金融霸权行径，争取与国家实力相适应的国际金融主导权。目前，世界多极化趋势越来越明朗，中国、美国、欧盟三足鼎立的国际金融格局，多国共享的国际金融主导权体系初现，实现构建公正合理的国际金融秩序的愿望可期。

作者精心撰写的这本专著，是在其博士论文的基础上修改成稿的，对于理解国际金融体系演变的内在逻辑，当前改革困难的症结，美国金融霸权的本质特征及其所面临的困境，国际金融经济格局的未来趋势，中国金融发展的前景、潜力和战略等问题，具有极大的帮助作用，值得认真品读。

2019. 5. 1 于武汉理工大学

摘要
Summary

当前，全球经济复苏缓慢，经济增长面临着严峻的不确定性，世界正面临百年未有之大变局。欧美日等发达地区经济增长迟缓，中国、印度等新兴国家对世界经济增长的贡献突出，"逆全球化"思潮泛起，区域经济一体化提速，多极化趋势明显。原有国际金融体系已不适应新形势发展的需要，急需改革成为共识。然而改革却举步维艰，自2008年国际金融危机爆发以来，改革成效甚微，对于国际金融主导权的再分配问题成为改革的难点和焦点。

自布雷顿森林体系建立以来，美国以金融霸权的方式掌握着国际金融体系的主导权，供给国际金融公共产品，维护国际金融秩序。后危机时代，美国霸权式微，领导世界的能力和意愿下降，尤其是特朗普总统上台之后，更强调美国利益优先，而致国际公共利益于不顾。这很像20世纪20—30年代的情况，英国霸权衰落，美国作为第一强国领导世界的意愿不足，导致世界各主要国家纷纷采取"以邻为壑"的金融贸易政策，最终爆发世界性的经济大危机、大萧条，并引发第二次世界大战。

同样的，目前国际社会既担忧中国和美国，一个正在崛起的新兴大国和一个雄踞霸主近1个世纪的守成大国，因过度竞争和博弈，陷入"修昔底德陷阱"，爆发大规模战争；也担忧两国犹同20世纪30年代的美国和英国，均缺乏供给国际公共产品、维护国际金融经济稳定的意愿，陷入"金德尔伯格陷阱"，引发经济危机乃至经济大萧条。特朗普总统上台后发动的一系列贸易战、边境修墙、控制移民等"逆全球化"举措，显得这种担忧好似正在滑向现实。

1

未来在缺乏拥有绝对优势的强国霸主，国际力量朝多极化、扁平化方向发展的情况下，由谁来主导国际经济金融秩序，以什么样的方式主导，构建什么样的国际金融治理体系；假如中国作为未来的世界第一大经济体，将扮演什么样的角色，发挥什么样的作用等，这些都是亟待解决的问题。作者以国际金融主导权为研究主题，以国际经济格局的演变为线索，研究国际金融主导权的形成与转移，对国际金融主导权的内涵、特征与作用，国际金融主导权的形成历程、逻辑与条件、国际博弈、经济影响、发展趋势和中国对策进行了初步探讨。

什么是国际金融主导权？与金融霸权有何异同？有什么特征？

作者通过比较、归纳，最后将国际金融主导权定义为"具有一定经济实力和国际地位的国家以协商与合作的方式积极参与国际金融事务，享有保障本国合法权益、维护国际金融稳定发展、引导国际金融秩序发展方向的主动权和话语权"。它包括国际货币主导权、国际金融市场主导权、国际金融机构主导权和国际金融规则主导权四个方面的内容，其中国际货币主导权是国际金融主导权的核心权力。

国际金融主导权不同于金融霸权。它们的主要区别在于，两种权力的实施方式和拥有形式不同。金融霸权主要是霸权国以自己强大的经济和军事实力为威慑，将自己的意愿强加在他国身上，以实现本国利益最大化为目标；而国际金融主导权则强调以协商与合作的方式，达到共赢的目的。金融霸权是霸权国独享权力，而国际金融主导权强调多边共享、多元共享。当然两者也存在着一定联系，拥有金融霸权的国家肯定掌握着国际金融主导权，金融霸权是国际金融主导权的一种特殊实施方式，而掌握国际金融主导权则不一定采取金融霸权方式。

国际金融主导权具有结构性、博弈性、多边性和虚拟性四个特征。国际金融主导权是一个结构性权力，包括上述的四种权力，具有结构性特征；国际金融主导权具有博弈性特征，其形成与转移是大国间博弈的结果；国际金融主导权不再由一国独霸，而是由多国共享的权力，具有多边性特征；国际金融主导权是一个虚拟性的权力，不仅包括国际金融法规或协约中所规定的显性权力，而是更多依靠通过其综合实力、影响力和信誉在国际金融事务中获得的隐性权力。

国际金融主导权是如何形成的?

国际金融主导权的形成经历了较长的历史过程。历史上荷兰、英国和美国先后不同程度地掌握着国际金融主导权,分别对应着国际金融主导权的萌芽、形成和成熟三个阶段。一国要掌握国际金融主导权既需要具备物质、市场和信心三方面的国内条件,也需要世界市场形成和世界格局变化等国际条件。作者通过比较发现,美国和英国在国际金融主导权的获取途径与运行方式方面都存在差异,但是都面临着"特里芬两难"和霸权衰退的困境。

为什么需要国际金融主导权?其形成与转移有何内在逻辑?

美国著名经济学家金德尔伯格在其著名的《萧条的世界:1929—1939》一书中指出,世界经济的运行,金融秩序的稳定,必须有一个国家充当领导者,而且只有大国才有能力充当领导者。这也就是著名的"霸权稳定论"。在国际上,国际金融主导权具有维护国际金融秩序稳定、供给国际金融公共产品的作用;在国内,具有维护本国金融主权、保护本国金融安全的作用。国际金融主导权的形成有其内在逻辑,其形成是世界经济发展的需要,有利于维护国际金融稳定、供给国际金融产品;其转移是国际经济格局变化下国际博弈的结果,对其认可是世界无政府状态下的公共选择过程。

国际上基于国际金融主导权是如何博弈的?

国际金融主导权的国际博弈主要包括两类:大国与小国之间的博弈,大国之间的博弈。大国与小国之间的博弈类似于"智猪博弈",小国没有能力和意愿去争夺国际金融主导权,承担国际责任和义务,而选择搭便车;大国则没有选择地必须承担起维护国际金融稳定、供给国际金融公共产品的责任,否则面临的损失更大。国际金融主导权在大国间的博弈形式是多样的,历史上20世纪20—30年代大国间的博弈陷入囚徒困境;第二次世界大战后,布雷顿森林体系的形成,使大国间形成契约博弈;布雷顿森林体系崩溃后形成的牙买加体系,去掉了对美元的国际约束,形成了本质上缺乏制衡的美国金融霸权。

国际金融主导权对世界经济有什么影响?

作者以凯恩斯宏观经济学的总需求理论为基础,构建了世界经济核算的两国模型。模型显示,在两国资源分别被充分利用与否的不同情况下,国际货币发行对货币发行国和他国经济增长和通货膨胀有着不同影响，拥有国际金融主导权的国家始终掌握着主动权。以美国和美元为例，1961—2011年51年间美元发行与世界经济增长的关系显示，美元发行与世界经济增长尤其是东亚地区经济增长呈正相关关系，表明美元发行对世界经济增长有利。当然也存在着负面影响，比如带来世界性通货膨胀和资产泡沫，以及各主权国家不同程度的货币政策独立性丧失等问题。

国际金融主导权的未来发展趋势是怎样的？

作者通过对世界经济格局演变的历程和原因分析发现，国际经济格局变化是国际金融主导权发生转移的根本原因，而决定世界经济格局变化的根本原因是生产力的发展变化，直接原因是大国间实力的消长，推动因素（导火索）是重大的国际事件。结合当前国际经济实力与发展情况可知，未来世界经济格局正朝多极化方向发展。国际金融体系和国际金融格局可能朝多元货币构成的国际金融体系或超主权货币构成的国际金融体系发展。因此，国际金融主导权有三种可能趋势：由多国共享、由货币联盟共享和由世界央行主导。

中国在未来的国际金融主导权重构中该如何定位？采取什么策略？

在当前国际经济格局全球化、多极化发展的情况下，国际金融主导权体系将朝着多国共享方向发展的可能性最大。中国应该明确战略定位，中国争夺国际金融主导权不是要取代美国，反而是要在反对与抵制美国金融霸权的同时尊重其国际金融主导权地位。中国要争取的只是美国、欧盟和中国三足鼎立中的一足角色，争取的是与国家实力相适应的多边共享的国际金融主导权体系中的一边。

中国要争取国际金融主导权主要需做好以下四个方面的工作。首先，中国应从经济发展、金融体系完善和综合实力三个方面夯实国内的物质、市场和信心基础。其次，全面推进全球化战略，增强国际竞争力。再次，应抓住重点，先易后难。重点在于稳步推进人民币国际化和加快上海国际金融中心建设；同时积极攻破两个难点，即加强金融理论创新研究和推进国际金融机构改革。最后，稳步推进，集小步为大步。积极发声提高中国的国际金融话语权，通过双边化和区域化实现人民币国际化，在国际经济金融合作中提升中国金融影响力。

目录
Contents

第 1 章
绪　论

第2章
国际金融主导权的内涵、特征与作用

第3章
国际金融主导权形成与转移的历程与比较

第4章
国际金融主导权形成与转移的逻辑与条件

第7章

国际金融主导权转移的趋势

第8章
中国争取国际金融主导权的对策建议

第 9 章
总结与展望

第 1 章

绪 论

1.1 选题背景和意义

1.1.1 选题背景

（1）国际背景：美国金融霸权横行，国际金融治理体系凌弱；"逆全球化"危机浮现，各种全球化的负面问题未能有效解决；国际政治经济格局悄然生变，世界正处于百年未有之大变局。

布雷顿森林体系以后，美国利用其拥有的国际金融主导权，肆意实施金融霸权，过度发展虚拟经济，大量创造虚拟价值，谋求国家利益和人们福利最大化，造成了美国经济和世界经济严重失衡。美国通过不断地制造危机，转嫁危机，将本国和世界经济推向崩溃的边缘。自 20 世纪 70 年代以来，各种金融经济危机频发。2008 年美国次贷危机爆发，再次引发了范围更广、影响更深的全球金融危机。危机之后，美国推出大规模的量化宽松政策，无论其推行还是退出，均对其他国家造成巨大风险。当推出量化宽松政策时，大量注入流动性，使本已受危机肆虐的各国经济再次面临国际油价暴涨、输入性通胀和资产价格泡沫的风险。当美国经济复苏，就业充分，趋势向好，美国退出量化宽松政策时，又面临资本外逃、货币贬值、经济衰退的风险。

特朗普总统上台以后，掀开了美国民主、人权、普世价值榜样的面纱，更直白地将"美国优先"的对外原则发挥至极致，大力推行"逆全球化"举措。在国际上，强势掀起与中国、欧盟、韩国、日本、印度等国家和地区的贸易战，退出多个国际组织，试图打破由美国自己主导建立的自第二次世界大战以来的国际自由经济金融贸易体制。在国内，强势推行筑边境墙、移民控制等措施。美国无限度地挥动其金融霸权的魔棒，全然不顾国际公共利益，为所欲为，随意用国内法制裁其他国家，国际社会却没有任何制衡措施，这充分显示出以美国金融霸权为特征的国际金融治理体系的无能与凌弱，急需改革。自 2008 年危机之后，G20 成为国际金融经济治理的重要平台，对国际金融治理体系改革达成了重要共识，提出了改革方案。然而，时至今日，改革举步维艰，成效甚微。究其原因，根源在于美国不肯也不会轻易放弃其金融霸权，也不愿意就国际金融主导权进行分权。

"盛极而衰，物极必反。"美国肆意实施其金融霸权的时候，也是其霸权衰落的开始。国际格局正悄然生变，正如习近平总书记所说，世界正面临百年未有之变局。英国脱欧、特朗普当选、欧洲多国左翼政党上台等现象，可以表明，西方发达国家由自近代以来自由贸易和经济全球化的主导者、推动者和实施者逐渐转变为破坏者、践踏者和反对者。而以中国为代表的新兴国家和发展中国家反而成为国际自由贸易体制和经济全球化的坚定维护者和积极建设者。这背后反映的国际经济实力格局的变化，整体上西方发达国家的经济实力在下降，新兴国家和发展中国家的经济实力在上升，美国超级大国的优势在相对衰弱，世界多极化力量在聚集。

首先，美国经济相对衰落。在政府债务方面，美国由以前的最大债权国变为世界最大的债务国，政府债务规模居世界之首。在国际贸易中，美国由最大的顺差国转变为最大的逆差国，由此造成国际、国内经济的严重失衡。据美国商务部发布的数据，2018 年全年美国逆差 6210 亿美元，为十年以来的最高水平，并有不断扩大之势，比 2017 年贸易逆差同比增长 12.5%。其中，对中国的贸易逆差为 3233.2 亿美元，同比扩大 17.2%，为 2006 年来的新高①。这也表明特朗普旨在通过发动对华贸易战平衡中美贸易逆差的企图是不可行的，以及美国部分人希望中美经济脱钩的妄想是不可能实现的。在制造业方面，美国不断去工业化，经济结构失衡严重，制造业比重由 1953 年的 28.3% 下降到 2018 年的 11.6%，以金融为核心的虚拟经济占其经济总量的 75% 以上，美国产业空心化严重。

其次，欧盟作为一个整体，其经济实力和国际地位都在加强。在人口规模方面，欧盟是美国的 1.5 倍，意味着巨大的消费潜力和市场。在经济总量方面，欧盟与美国相当，2018 年欧盟 19.1 万亿美元，美国 20.5 万亿

---

① 数据来源于美国商务部发布的统计报告。

美元①。在国际贸易方面，欧盟的国际贸易总额是美国的三倍，成为世界最大的贸易实体。在货币方面，欧元是当今世界上唯一能与美元抗衡的第二大国际货币，虽经欧债危机，英国脱欧，地位有所影响，但如果欧盟借此机会，整合资源，统一货币和财政政策，那么欧元前景可观。

此外，中国、印度等新兴市场国家经济崛起，在国际经济中的地位和影响力不断提高，成为推动国际金融治理体系改革的坚定力量。自2010年，中国成为世界第二大经济体以来，中国对世界经济增长的贡献在30%左右，2018年更是达到34%。印度近年来经济增速超过中国，成为前十大经济体中经济增长速度最快的国家。照此速度，在未来十年内有望超过日本成为世界第三大经济体。到那时，发展中国家的经济总量在世界经济中的比重将超过一半。近年来，金砖国家的金融经济合作，成为发展中国家经济合作发展的典范，也为国际金融治理提供了成功案例。

总之，随着美国的相对衰退，欧盟的逐渐成熟，发展中国家的崛起，经济全球化的大势不可逆转，改革国际金融治理体系的合力终将形成。现有国际金融体系必将打破，国际金融主导权格局将发生变化。美国的金融霸权地位将逐渐削弱，发展中国家和新兴市场国家在国际金融体系中的地位将提升，国际金融治理体系改革势在必行，国际社会需要像中国这样负责任、伸张正义、主持公道的大国争取国际金融主导权，维护公正合理的国际金融秩序。

（2）国内背景：中国步入新时代，经济强势崛起，美国对中国的遏制力度更加超前，中美间的博弈与竞争更加激烈；中国全面深化改革，更高标准地全方位、全领域对外开放，与国际经济更加紧密；中国需要争取相应的国际金融主导权，以保护国家利益、维护金融经济安全和主权。

中国经济崛起，经济实力不断增强。国际货币基金组织数据显示，2010年中国GDP达5.75万亿美元，超过日本5.39万亿美元成为世界第二大经济体；2018年为13.6万亿美元，是当年日本经济总量的2.77倍，达到美国经济总量（20.5万亿美元）的67%。2011年，中国的国际贸易总额达到3.64万亿美元，超过美国成为世界第一贸易大国。自此之后，除了

---

① 数据来源于世界银行网站统计报告。

2016 年被美国短暂反超外，均为世界第一。2018 年为 4.62 万亿美元，创历史新高。中国外汇储备快速增长，2014 年最高达 4 万亿美元，即使近几年有所下降，截至 2018 年底仍高达 3 万多亿美元，成为世界最大的债权国①。中国已成为世界工厂，在全球 500 多种主要工业品中，中国有 220 多种产量位居世界第一，也成为全球石油的最大消费国、汽车的最大产销国。

自中共十八大以来，中国通过全面深化改革，不断优化经济结构，转变经济发展方式，中国制造业正在转型升级，在产业价值链上正在从中低端向中高端跃进。中国经济社会正在发生历史性巨变，正从站起来、富起来走向强起来的新时代。而美国自特朗普总统上台以来，将中国直接定位为战略竞争对手，推行全面对华遏制战略，开历史的倒车，对中国开打贸易战。自 2018 年 3 月以来，中美经历了多轮交锋。中国在坚持坚守国家核心利益底线原则的基础上，始终坚持对话解决问题。美国开打贸易战以后，在遭受股市异常波动、对华贸易逆差不减反增的情况下，暂停对华贸易战，开始与中国进行贸易谈判。但仍然不时挥动关税和制裁的大棒，企图以此为筹码，在谈判中要高价。经过中美双方艰苦的多轮谈判，在 2019 年 4 月 20 日的第九轮谈判后，贸易谈判接近尾声，有望取得双方满意的结果。必须清楚地认识到，这仅仅是中美两国激烈竞争和博弈的开始。

从历史的角度看，中国并没有像其他发达国家那样，随着经济实力的增强和生产能力的提高，而获得在国际金融经济事务中相应的权力。至今，人民币非国际货币，这在现代经济发展史上是一个特例，即世界第二大经济体国家货币非国际货币的一个特例。也正因如此，中国不得不积累大量外汇储备，在经受不断贬值和美债违约风险的同时，还以较高回报率为代价吸引外资。中国作为全球石油、铁矿石等大宗商品的最大消费国，却不拥有这些商品的定价权，甚至连谈判的筹码都很少，常常有"被宰"的感觉。中国在国际金融机构中的权力也非常有限，国际货币基金组织和世界银行仍然被欧美所控制，危机之后改革的呼声虽异常激烈，却没有任

———————————

① 上述数据均来源于中国国家统计局网站各年《中国国民经济与社会发展统计公报》和世界银行统计数据，部分数据是根据原始数据计算而得。

何实质性的进展。

中国作为世界第二大经济体，未来10年超越美国成为世界第一大经济体是大概率事件，却不拥有与其实力相适应的国际金融主导权，这将严重损害中国经济利益，威胁着中国经济金融安全。因此，中国必须不断构建与其经济实力相适应的国际金融主导权。在欧美经济复苏缓慢、美国金融霸权危害世界、中印等新兴国家崛起的情况下，中国争取国际金融主导权，既是中国经济发展的客观需要，也是国际经济格局发生变化的必然。中国需要构建的是与美国金融霸权不同的国际金融主导权，追求建立公平、合理、可行的国际金融体系，强调合作与协商，不强加于人，致力于构建新型的国际经济金融合作关系。

1.1.2 研究意义

在虚拟经济迅速发展的时代，信心、信用和信息是最关键的。金融危机的爆发，在某种程度上表明作为世界霸主的美国信用下降了，世界对美国的信心不足了，向世界传递的信息就是美国在衰退。在美国衰退、欧盟整合、新兴国家崛起的情况下，国际多极化力量逐步形成，国际金融经济格局发生变化，美国金融霸权不再适应，国际金融体系急需改革，经济迅速崛起的中国也需要谋求与其实力相适应的国际金融主导权，以保障本国经济利益，维护经济金融安全。在此背景下，研究国际金融主导权问题，既能深化对国际金融体系的理论认识，也能为国际金融体系改革和中国争取相应国际金融主导权开拓新思路。

（1）国际金融主导权本质上是国际金融体系的核心问题，国际金融体系改革的焦点在于权力分配与争夺，通过本书的研究，将有助于揭示国际金融体系改革的困难所在。

国际金融体系改革自20世纪末起就一直成为国际社会与学界关注的热点，学术成果颇丰，方案不可谓不多，但改革进展相当缓慢，很重要的一点原因在于对国际金融体系中的权力及分配问题缺乏深入的研究。本书直击国际金融体系改革的核心问题——国际金融主导权，对国际金融主导权的内涵、本质、要素、条件、特征、机理等内容的研究，有助于加深对国际金融体系的理论认识，丰富国际金融体系理论。

（2）国际金融体系改革的核心在于改变现有的美国金融霸权的体制，实质上要美国放权或让权，在美国超级大国地位尚未发生本质变化之前，这一要求是相当困难的，本书的研究将为国际金融体系改革开拓新思路。

国际金融危机再次肆掠，突显出国际金融体系改革的紧迫性，在当前改革止步不前的情况下必须另辟蹊径。经本书研究发现，国际金融主导权具有结构性、多边性的特征，因此国际金融体系改革可以采取渐进性方案，由其他大国或大国集团协作供给部分国际金融公共产品等多渠道，弥补不足，逐步形成多元主导的国际金融体系，达到改革与完善国际金融体系的目标。

（3）中国要争取与其实力相适应的国际金融主导权，中国不具备美国取代英国成为世界霸权的实力、机会和意愿，在这种情况下要争取国际金融主导权就是难题。本书研究则为中国提升金融实力和国际金融竞争力，逐步提升国际金融话语权和主导权提供政策依据。

中国作为世界第二大经济体，要强国复兴，必须掌握与实力相应的国际金融主导权，这关系到国际金融经济的健康稳定发展和中国金融经济安全，是重大的战略问题。

1.2 国内外研究现状

1.2.1 关于国际经济格局变化的研究

国际经济格局是世界各国或国家集团相互作用而形成的世界经济内在结构的外在表现，其核心内容是大国或国家集团之间的经济力量对比关系和支配别国经济乃至世界经济的权力配置情况。国际经济格局的变迁是国际经济格局中心变迁的动态过程。国际经济格局在经历了以美国为中心的半个多世纪后，逐步从一极化向多极化转变（孙晓辉和安娜，2013）。2008 年全球金融危机和欧美债务危机，对国际经济格局产生深远影响。发达经济体在全球经济格局中的重要性降低，新兴经济体的比重相对增加（宋国友，2011）；欧美日等地区经济实力在危机中遭受重创，中国、巴西、印度等新兴国家首次成为世界经济复苏的引擎（高程，2014）。随着许多发展中国家经济发展逐渐跨越拉美化的"中等收入陷阱"，以及更多发达国家陷入经济增长停滞的"日本化"问题，在两股力量作用之下，国际经济格局出现一种近似"均等化"的发展趋势。无论从经济规模、人均国民收入，还是经济社会发展水平等指标进行比较，发达国家与发展中国家之间的差距在缩小（段炳德，2011）。目前国际经济格局变化表现出四个显著特征：一是中国经济实力赶超美国，2010 年中国 GDP 只占美国39.3%，到 2014 年该数据上升到 87%；二是包括中国、印度、巴西、俄罗斯、印度尼西亚、墨西哥、土耳其新七国集团的经济总量在赶超七国集团；三是世界经济中心从大西洋转到太平洋；四是新兴市场群体崛起（胡必亮等，2015）。

1.2.2 关于国际金融公共产品的研究

1. 公共产品

公共产品是相对于私人产品的一个概念，是从公共性问题逐步发展起来的。

17 世纪的托马斯·霍布斯（Thomas Hobbes）、18 世纪的大卫·休谟（David Hume）和亚当·斯密（Adam Smith）、19 世纪的约翰·穆勒（John Stuart Mill）对公共性问题进行了探讨。霍布斯（1651）在《利维坦》一书中论述国家的成因时，将国家的产生归因于抵御外来侵略、制止相互侵害、保障自身利益的共同需要。或者说，国家就是一个提供公共服务的公共产品，政府收支就是公共收支，这体现了公共产品理论的萌芽思想。休谟（1740）在《人性论》一书中通过"公共牧地排水"的例子探讨了"搭便车"问题①。他在此已经涉及了公共产品理论的核心问题：自利的人之间存在公共需求，但共同需求的供给又存在"搭便车"问题的矛盾，只

---

① 两个相邻的人可以达成协议共同排水，但是一千人乃至更多的人就很难达成协议，因为每个人都想让别人排水而自己坐享其成，即"搭便车"问题。

有通过政府参与才能有效解决。现代经济学鼻祖，斯密（1776）在《国民财富的性质和原因的研究》一书中指出政府作为"守夜人"，需要对国家和社会安全、司法制度、公共设施等公共事业提供保障，因为"搭便车"问题的存在，私人缺乏供给的激励，需要政府通过税收筹集资金供给这些产品。约翰·穆勒（1848）也认为公共服务的供给需要政府的介入，因为个人供给公共服务并不必然获得适当的报酬，从而缺乏兴趣。

公共产品概念是瑞典经济学家埃里克·林达尔（Erik Robert Lindahl）明确提出的，后被保罗·萨缪尔森（Paul A. Samuelson）引用和定义，并在此基础上发展的。林达尔（1919）在《公平税收论》一书中首先使用了公共产品一词，并在威克塞尔（Knut Wicksell）的研究基础上构建了关于公共产品最佳供应的数学模型（即威—林模型），使公共产品的供求达到一种均衡状态，即林达尔均衡①。萨缪尔森（1954）在《公共支出的纯理论》一书中对公共产品进行了定义，纯粹的公共产品或劳务为这样的产品或劳务，即每个人消费这种物品或劳务不会导致别人对该种产品或劳务的减少。这一经典定义，强调公共产品集体消费的特性。萨缪尔森（1955）在《公共支出理论的图式探讨》中通过批判和拓展"威—林模型"②，建立了一个关于资源在公共产品与私人产品之间最佳配置的一般均衡模型，说明了公共产品供给均衡在理论上是存在的。Olson（1965）则强调公共产品消费的非排他性，他将公共产品定义为"无法阻止或排除集体中的任何人对该产品的消费"的产品。

由此可知，公共产品至少具有两个标准：非排他性，即公共产品一旦提供，就不能排除集体内的任何个人对其消费；非竞争性，即个人的消费

---

①林达尔在该模型中，假定有两个消费者 A 和 B，也可以把他们视为代表具有共同偏好的两组选民的两个政党，两（组）人拥有相同的政治权力，每（组）人都准确报告了各自的偏好，所通过的预算是两（组）人同意的预算。如果是一种公共产品，那么假定每一位拍卖者报出不同的税收份额和预算规模（支出），经过某一拍卖程序，就可得出一个均衡结果。

②萨缪尔森在该模型中假定：a. 最终消费品只有一个纯私人产品和一个纯公共产品；b. 只有两个消费者，且收入水平既定，当 $MRT = MRSA + MRSB$，即公共产品和私人产品的生产转换率等于消费者 A 对于这两种商品的边际替代率与消费者 B 对于这两种商品的边际替代率之和时，配置达到最优。当撤销掉收入既定以及对消费者数量和商品数量的限定条件，满足，其中 $i = 1 \cdots n$（消费者的数量），$j, k = 1 \cdots m$（商品的数量），即所有消费边际替代率的总和等于生产的边际转换率时，达到商品供应的最优条件。

并不减少他人的消费量或消费效用（Kaul et al. 2003）。但事实上完全具备这两个特征的纯公共产品很少，大部分是介于纯公共产品与私人产品之间的准公共产品。准公共产品可以分为两类，只具有非竞争性不具有非排他性的"俱乐部产品"和只具有非排他性不具有非竞争性的"公共资源产品"。詹姆斯·布坎南（James McGill Buchanan 1965）创造性地提出了"俱乐部产品"，认为公共产品不仅包括萨缪尔森定义的"纯公共产品"，还包括大量的介于纯公共产品和纯私人物品之间的"准公共产品"或"混合产品"，即俱乐部产品。Hardin（1968）的"公共地悲剧"通过理性个体追求自身利益最大化导致公共地资源受损的例子，阐述了公共资源产品问题。

2. 国际公共产品

国际公共产品，顾名思义就是指在国际或全球层面的公共产品，也有学者称之为全球公共产品。Olson（1971）以北约为例研究了国际安全问题，并最早使用了国际公共产品这个概念。Sandler（1980）从公共产品的角度研究了国际政治经济学问题。Kindleberger（1986）最早在文章标题中使用了国际公共产品这一概念，并研究了国际无政府状态下的国际公共产品供给问题。Kaul，Grunberg & Stern（1999）对国际公共产品进行了完整的定义，即国际公共产品指那些收益范围不止包含一个国家，收益人群扩展到几个，甚至全部人群，而且不仅是当代，还可能包括未来几代的公共产品。简言之，国际公共产品就是其收益扩展到所有国家、人民和世代的公共产品。World Bank（2000）将国际公共产品定义为那些具有很强跨国界外部性的商品、资源、服务、规章和政治体制。Morrissey，Te Velde & Hewitt（2002）认为，国际公共产品就是可以使全人类获得的一种益处，这种益处包括直接益处、风险减少和能力提升。Anand（2004）认为，国际公共产品必须满足公共性三角结构：消费的公共性、决策的公共性及净收益分配的公共性三个方面。

国际公共产品的种类根据不同标准可以有不同分类。Kaul，Grunberg & Stern（1999）将国际公共产品分为全球自然公共品、全球人为共享品和全球条件；Stigliz 在 Kaul 的基础上把国际公共产品划分为五种类型：国际经济稳定、国际安全、国际环境、国际人道主义援助和知识。Gardiner & Le Goulven（2002）根据部门分为环境性、社会性、经济性和制度性或基础设置产品四类。

国际公共产品最关键的问题在于供给，也就是 Olson（1965）所说的"集体行动的困境"，即使一个集团中的每个个体都是理性的，如果他们共同采取某种行动可以共同获益，但是他们仍然很难自愿采取这种共同行动。集体行动的困难在于个体行为的多样性和复杂性，"搭便车"问题依然是国际公共产品供给困难的主要原因。在一个主权国家内，由集体行动的困境导致的公共产品的供给困难问题，可以通过政府提供来解决。而在世界无政府状态下，国际公共产品供给问题成为全球化以后国际社会面临的重要课题。

3. 国际金融公共产品

Kindleberger（1973）通过研究 1929—1939 世界经济大萧条发现，国际经济稳定有赖于国际公共产品尤其是国际金融产品：（1）为跌价商品保持一个相对开放的市场；（2）提供一个反周期至少是稳定的长期的借贷；（3）维持一个汇率相对稳定的体系；（4）确保宏观经济政策的协调；（5）充当最后贷款人或者在金融危机使提供流动性。这本质上就是要有一个稳定的国际自由贸易体系和国际金融体系，也就是说，一个稳定的国际金融体系就是世界经济发展所共同需要的国际金融公共产品之一。世界经济要稳定必须要有一个稳定者，无论是在危机时期，还是在正常时期。Kmdleberger（1986）认为，只有霸权国家才有能力和意愿充当这个稳定者，提供国际金融公共产品，即"霸权稳定论"。李增刚（2005）指出，随着时代的发展，各国对国际金融公共产品的需要也不相同，国际货币基金组织和世界银行作为两大主要的国际金融机构的职能也随着民族国家对公共产品需求的变化而演变。

1.2.3 关于国际金融体系的研究

1. 国际金融体系存在的问题

国际金融体系包括国际汇率体系、国际收支调节和国际储备体系，以及国际货币金融政策的协调。其核心是国际货币体系，以至于学术界对国际货币体系和国际金融体系之间没有进行明确的区分。自 1944 年布雷顿森林体系建立以来，对国际金融体系的研究就从未间断过。1960 年美国经济学家 Robert Triffin 在《黄金与美元危机》一书中首次揭示了布雷顿森林体系存在致命的制度缺陷，即美元同时为美国货币和国际货币，存在"信心和清偿力"不能同时兼顾的两难问题。正如 Graham 和 Rhomberg（1996）指出的那样，当美国逆差增大时美元泛造成美元灾，当美国顺差增大时美元短缺造成美元荒。Mundell（1963）通过 Mundell-Fleming 模型发现，各国货币政策的独立性、汇率的稳定性、资本的完全流动性三个政策目标不可能同时达到；后来 Krugman（1999）称之为"三元悖论"。

每次金融危机之后，尤其是在 2008 年全球金融危机后，国内外学者对国际金融体系的研究掀起了高潮。

第一，认为现有的国际货币体系是不合理的，是导致金融危机频繁爆发、世界经济失衡的根源。在本次危机之前，Lane 等人（2006）已经关注到美国国际收支账户逆差的可持续性问题。Ocampo（2010）认为，现行的国际货币体系使美国拥有无限发行美元却不用对全球负责的特权，发展中国家面临巨大的外汇损失和通胀风险。让玛·瓦苏德万（2010）认为，浮动的美元本位制的国际金融体系赋予美元巨大国际特权，美国可以利用其美元地位吸收、利用外围国家的资本，并将金融风险转嫁给外围国家，每次危机之后，外围国家遭受重创，美元的国际货币地位反而更加巩固。徐明棋（2006）、余永定（2010）、王生升（2012）认为，造成世界经济失衡的主要原因在于美元本位制的国际金融体系，美国凭借其美元霸权地位肆意发行美元换取世界商品和资源，造成美国巨额逆差和全球失衡，美国应该承担主要责任。比伦特·格卡伊等（2011）认为，次贷危机的根源在于资本集中的历史过程和资本追逐利润最大化的特性。

当然也有许多西方学者对当前国际货币体系的浮动汇率制度并无特别的批评。在东南亚危机之后，他们认为，亚洲的钉住美元的汇率制度是导致危机的主因，并予以批评（Eichengreen and Hausmann 1999，Calvo and Reinhart 2000，Edwards 2000）。Bergsten（2007）认为，IMF 对钉住美元以维持汇率稳定的制度应予以干预，而支持美元的浮动汇率制度，这对国际金融并无不利影响。Rose（2007）甚至不认为现在国际汇率缺乏协调的无序状态是一种缺陷，并认为国际汇率协调制度没有存在的必要。有些美国学者甚至将矛头直指中国，认为中国操纵人民币汇率，使人民币低估获得不正当利益，导致美国金融市场扭曲并引发金融危机（Cline，2010；Krugman，2010）。但也有少数西方学者认为钉住汇率制度要优于浮动汇率制度（Kenen 2000；Bervall Anders 2002）。也有学者认为这是顺差国和逆差国双方的责任（Bergsten 2009a，2009b）。

第二，认识到国际金融监管和治理结构不合理。Liberals and Democrats（2008）认为，国际金融监管协调机制的缺失是导致金融危机的主因，并在危机之后呼吁欧洲国家加强监管与协调。IMF（2010）认为，现行的国际金融体制对国际资本流动和金融衍生品创新缺乏监管，国际宏观经济政策缺乏协调，导致金融危机爆发并迅速扩散。Buria（2003）指出IMF在东南亚危机中所表现出贷款条件上的严苛和行动的迟缓，但是后来的改革只是在贷款条件上进行了有限的调整，由发达国家把控的内部治理结构没有改变。本次危机之后，国际金融机构改革获得重视，新兴国家和发展中国家的份额和投票权有所增加，但是内部决策程序的民主化仍然悬而未决（Bruno Jetin，2008）。

第三，我国部分学者对国际金融体系存在的问题进行了比较全面的研究。例如，虞群娥（2002）指出，现行国际货币体系存在制度非均衡的特点，也是国际货币体系改革的内在动机。一是主体行为错位，在后布雷顿森林体系中发挥作用的却仍是未曾改革的布雷顿森林体系的产物IMF和世界银行；二是牙买加体系以浮动汇率制度合法化为基本特征，但是这个体系不存在超国家的制度因素，只是各国对外货币政策和法律制度的简单集合。陆前进（2009）指出，本次金融危机再次暴露了国际金融体系的缺陷，美元本位制、金融监管缺失和全球经济失衡成为国际金融体系改革面临的困境。王元龙等（2010）总结了现行国际货币体系的三个方面的局限：美元泛滥、汇率剧烈波动和国际收支失衡严重，国际金融机构体系存在制度设计缺陷（份额、投票权分配不合理，高管遴选机制不合理）、指导思想僵化和危机管理失职三大严重问题；并指出国际金融体系改革分歧的焦点在于改革后各自在国际金融体系中的地位问题。

2. 国际金融体系改革的方向

国际金融体系改革的焦点在于国际货币体系的改革，从目前的主张来看主要有两个方向，即多元化和超主权货币。

基于现实主义观点，很多学者主张国际货币体系多元化的发展方向。Chinn&Frankel（2008）认为，国际货币体系的演化方向是多元化，并预计到2020年欧元作为储蓄货币会超过美元。多元化国际货币体系的改革方向似乎符合各方利益。Bergsten（2009）认为，美国也将在美元地位下降中获益，美国巨额赤字和债务，以及巨大资本流入不再符合美国利益。Bergesten（2011）强调现在的条件只能实行多元化的储备货币体系，即由美元、欧元和人民币构成，并以SDR为辅助。Dobbs等（2009）指出，美国也为美元霸权地位付出了很大代价，如在危机中的2008年巨额资本流入使美元升值5%~8%，严重影响了美国经济复苏。但是，多元货币体系在短期内难以出现。危机以后，美元的国际货币地位并未受到威胁，在未来能成为美元的唯一竞争对手是欧元（Eichengreen，2009），美元仍将是未来10年或更长时期的国际垄断货币（Cooper，2009）。汪霞（2011）认为，由美元主导的国际货币体系过渡到多元化的国际货币体系可能存在汇率波动的风险。夏斌（2011）认为，未来美元地位会慢慢下降、欧元和人民币等地位慢慢上升。Frankel（2009）认为，人民币在未来10年内会成为国际货币，但要成为主要国际货币可能需要30年以上的时间。李稻葵、尹兴中（2009）指出，金融危机使美元超级国际货币的信用基础动摇，国际货币体系可能沿着超主权货币和美元、欧元、人民币三足鼎立的多元化方向发展，并且第二种可能性更大。

建立超主权货币是国际货币体系改革的一个重要方向，次贷危机爆发以后，中国人民银行行长周小川（2009）提出建立超主权货币的主张，并得到了许多学者的认可。Carney（2009）认为，通过扩大SDR实现储备货币多元化，建立超主权的国际货币体系。Alessandrini，Fratianni（2009）认为，由于主权国家货币成为国际货币不能协调好国内利益和国际公共利益，而SDR恰不存在这种问题。Rossi（2009）认为，现在混乱的国际货币体系造成了全球经济的不平衡，采用SDR作为储备货币是可行的。当然也有学者质疑SDR的超主权货币地位及可操作性，ClarkandPolak（2002）认为SDR不具备货币的基本功能，不是法币，而且供给规模太小，分配不平衡，不能在国际贸易和大宗商品定价中广泛使用。Aiyar（2009）认为SDR不是货币，因为IMF没有征税能力，也就是没有税收基础和信用基础。Humpage（2009）则从技术上认为 SDR 不可行，由于美元的巨大网络收益，SDR 不可能替代美元。此外，普利斯顿大学的 Kenen（2010）建议 IMF 建立 SDR 替代账户，Rosensweig（2009）建议建立全球统一货币，Stisliz（2009）也建议建立一个新的全球储备系统。董彦岭、陈琳等（2010）指出，建立超主权货币面临着政治助力和技术难题。李永宁、郑润祥等（2010）认为，金融危机之后中国政府提出的建立超主权货币和多元货币体系的建议不具有现实意义。闵达律（2013）通过比较国际货币体系改革的几种可选方案，认为构建以资源性产品为本位的国际货币体系是行之有效的方案。

3. 国际金融体系改革的难点

国际金融体系改革涉及各国之间尤其是大国之间权力和利益的分配问题，为此大国之间的竞争和博弈十分激烈，这也成为国际金融体系改革的困难所在。正如 Bergsten（1975）所说，国际货币体系争论的中心问题是收入和政治权力在国家间和一国内部不同群体间的分配问题，利益分配问题是国际货币体系改革助力重重的根本原因。国际金融体系本质上属于公共产品，由于不存在真正意义上的、超主权的公共权力机制，国际金融体系主导权蕴含着无限的经济利益和战略意义，对它的确立与争夺始终是大国博弈的目标，国际货币成为资本的最高形式，以致大国间为此兵戎相见（禹钟华、祁洞之，2012）。徐明棋（2011）认为，应将加强国际金融监管，建立遏制国际金融市场操纵和投机的操作规范作为国际金融体系改革的新突破口。中国在参与全球金融秩序构建和国际金融体系改革的过程中面临着一系列的风险，中国需要注意维护金融安全（王元龙，2009）。中国应重点把握在亚洲金融合作中的作用、与新兴市场国家的合作、提升中国的金融定价权和人民币国际货币地位（王元龙，2010）。

1.2.4 关于金融霸权和美元霸权的研究

对金融霸权和美元霸权研究较多的是国内学者，金融霸权和美元霸权是包含关系。

1. 金融霸权

复旦大学经济学院首任院长陈观烈（1998）首次提出了"金融霸权"

的概念，他把国际非银行金融机构投机者通过滥用信用、操纵市场与舆论、套利套汇、有意打压薄弱环节、造市等霸术，谋取巨额利润的行径称为金融霸权。柳永明（1999）将金融霸权界定为一种社会关系，金融霸权是指以大银行家和大机构投资者为核心的金融寡头及其政治代表，通过控制资本流动和金融市场条件，对实际经济活动施以重大影响并以此牟取暴利或实现其他经济、政治目的的一种社会关系。李永胜（1999）将金融霸权界定为一种国际关系，金融霸权是霸权国家的军事霸权和经济霸权在金融领域的延伸，是霸权国家利用军事、经济优势，凭借在国际金融体系的主导地位，在整个体系中强制推行自己的意志、规则，以获取霸权利润的行为。

金融霸权存在货币霸权、金融机构霸权、操纵国际经济和攻击性的金融投机四个方面的表现（张长全，2003）。货币霸权是金融霸权和经济霸权的核心组成，也是它们的最高形式。美国凭借美元霸权、投机资本、金融衍生品工具，以及政治、军事、经济和科技方面的优势获得金融霸权地位，美国在拥有金融霸权诸因素中，美元霸权居首位（杨志文，2011）。美国金融霸权的根本目的在于从金融方面控制和剥削发展中国家，攫取霸权利润；美国金融霸权是一个全方位的系统工程，美元是物质载体，跨国金融企业是主要工具，国际游资是急先锋，国际金融机构是帮凶（颜剑英，2004）。美国主导国际金融体系，拥有金融霸权的本质是美国扮演着世界资本家的角色。美国发行美元换取世界的商品和劳务供国内廉价消费，然后又用国债换取流出的美元供军事开支、对外援助和长期投资而获得国际权威和巨额增值回报，其付出的只是作为美国信用凭证的美元和国债以及微薄的国债利息（李海燕，2003；夏乐，2009）。

西方金融发展的一个重大趋势就是国际性的金融霸权，英国和美国先后拥有金融霸权。金融霸权需要有经济、科技、军事等各方面的巨大优势，美国在科技和军事方面依然拥有巨大优势，但经济发展衰退，不排除利用军事威胁的可能性（吴必康，2009）。金融霸权是金融垄断资本主义发展的产物，尤其是通过对世界货币的垄断获取巨大利益。美国在第二次世界大战后布雷顿森林体系建立便获得了金融霸权地位，布雷顿森林体系瓦解后，国际货币体系呈现"一强多元"的格局，美国向有限金融霸权过渡（栾文莲，2012）。胡松明（2001）通过对新金融霸权主义的形成条件和表现进行分析，得出"新金融霸权主义不可持续"的结论。美国在美元本位制的中心——外围体系下，其拥有的金融霸权地位在为其带来巨大好处的同时，也付出了惨痛代价。由于美元本位制的内在缺陷使其具有不稳定性和脆弱性，美国长期的低利率、过度消费、投资投机膨胀、储蓄不足和产业空心化必然导致信用泡沫破裂，危机爆发（杨旭彪，2009）。

美国对2010年各国达成的关于IMF份额和治理改革方案不予批准，本身就是一种霸权行径，即使国际社会对改革方案取得共识，但美国不同意，其他国家便无可奈何。这再次表明美国金融霸权地位短期内难以撼动，不合理的国际金融经济秩序还将继续，国际金融体系改革举步维艰（刘洪，2014）。张军果（2011）强调美国实施金融霸权，对我国金融安全造成直接危害。金融霸权是指西方发达国家，利用金融优势，控制国际金融机构，制定利己的国际金融规则，干涉他国金融主权，操控金融市场，谋取巨大利润。金融安全主要指金融主权的独立和金融体系的稳定两个方面。美国金融霸权威胁我国金融主权、侵蚀国民财富、影响金融稳定。

2. 美元霸权

（1）美元霸权的内涵。廖子光（2002）最先提出美元霸权，他将美元在全球经济中的霸权地位描述为"美元霸权"，指自1971年以来美元作为一种没有黄金支撑，没有美国货币和财政政策约束和任何国际约束，而仍具主导地位的国际货币。尹应凯、崔茂中（2009）界定了美元霸权的内涵与外延，"美元的超中心地位+发行自由化"是美元霸权的生存基础，即美元霸权的内涵，"对全球造成不和谐的影响"是其外延。但是美元霸权的内涵与外延是有内在矛盾的，其生存基础带来生存影响，其生存影响反过来动摇生存基础。王佳菲（2009）将本轮全球金融危机视为美元霸权衰落过程中的一场货币战争，主要目的在于转嫁危机风险，掠夺他国财富，维持美元强势地位。美元不断贬值但依然能维持强势地位的秘密在于美国通过打击他国经济，迫使他国货币同样贬值，甚至更厉害。

（2）美元霸权的实质，即制定有利于美国的国际经济规则，发行美元获取国际铸币税和免费换取外国商品和劳务（刘琛君，2009）。美元霸权构成当今国际货币秩序的基本特征，也构成国际经济交易制度安排的主要内容。美元霸权下的国际货币秩序是一种不均衡的秩序，其更多地体现了美国的意志和利益，而忽视甚至损害了其他国家的利益。美元霸权下的国际经济货币秩序从根本上来说也是不稳定的（徐涛、侯绍泽，2007）。许馨友、安烨（2013）认为无论是美国单方面宣布放弃美元按固定比价兑换黄金，导致布雷顿森林体系崩溃，还是操纵汇率强买强卖的金融战略，都是美国政府和美元霸权的表现。美国破坏正常货币经济运行规律，过度发行美元，导致全球美元泛滥，本质上就是向其他国家征税。美元霸权在金融危机之后不仅没有削弱，反而更加明显：美国债务绑架全球经济、利用汇率波动制造外围货币危机、肆意发行美元造成全球流动性泛滥、充当世界货币获取"霸权利润"（方家喜，2010）。

（3）美元霸权的确立。有人认为布雷顿森林体系的建立就意味着美元霸权的确立。李向阳（2005）认为布雷顿森林体系的建立确立了美元世界货币的霸权地位，布雷顿森林体系崩溃以后，美元霸权地位仍得以维持。金卫星（2008）认为布雷顿森林体系只是为美元霸权提供了一个制度平台，而美元霸权地位真正源起于冷战之初的马歇尔计划，通过该计划，美元全面介入西欧经济，占领了世界货币的制高点，并演变为世界霸权货币。但也有人认为美元霸权是在布雷顿森林体系崩溃以后确立的。因为在布雷顿森林体系下，美元发行要受黄金制约，而该体系崩溃以后，美元成为纯粹意义上的信用货币，其发行完全依靠美国强大的信用支撑，而不受其他任何约束（张敖，2011）。

（4）美元霸权的危害。美元霸权会对一国的货币主权构成冲击，包括对本国货币发行的垄断权或独立性的冲击，对获取国际铸币税的冲击，以及对利用货币政策进行金融调控的冲击，导致一国主权结构处于失衡状态（刘蕾，2010）。美元霸权扰乱了全球信用总量、信用供给机制、以及真实的经济增长关系，使全球经济失衡与混乱（胡少华，2010）。美元霸权的滥用导致世界经济失衡和全球金融危机爆发，而美国负债消费模式和全球经济失衡只是表象，同样是美元霸权滥用的结果；美元霸权越来越明显地制约中国发展，恶化中国经济发展的全球宏观形势，推动中国陷入出口导向体制不能自拔，削弱中国货币和金融自主权（陶昌盛，2009；林小芳、查君红，2012）。张茉楠（2012）认为，渐进式地与美元脱钩和去美元化，是增强各国货币独立性的重要途径，人民币与日元直接交易，有助于人民币国际化。章玉贵（2013）认为，美元霸权是美国金融帝国的标志性符号，也是全球经济和金融失衡的重要原因之一，美联储长期以来扮演着世界央行的角色。美国借此转嫁金融危机，并通过量化宽松货币政策，不断印刷美元，造成世界经济复苏的不确定性。

（5）美元霸权的困境。当美国过度利用美元特权地位，滥发货币过度透支到其他国家无法忍受，不再借钱给美国或不用美元时，美元信用就会崩溃（黄河、杨国庆，2008）。美元霸权给美国带来了实际的利益，也引起了许多国家特别是经济大国的抗议和挑战，欧盟和日本最为典型（张群发，2008）。金融危机的爆发使美国金融资本的全球积累体系面临困境，美元霸权受到严重挑战，全球经济陷入滞涨（王莉娟，2011）。

但是张明（2008）认为，次贷危机将削弱美国在世界经济中的作用和美元在国际货币体系中的主导地位，但是难以撼动美国经济和美元的霸权地位。刘刚、张世春（2012）认为，由于美国综合实力依然强大，国际货币历史惯性和转换成本不可小视，其网络外部性形成远非一日之功，美元霸权只是相对衰落。林江、徐世长（2013）指出，尽管美国发生财政悬崖，但这本质上只是美元霸权与美元自动回流机制能否在全球经济发展过程中顺利实现的问题，它不会威胁美元在国际货币体系中的主导地位。

1.2.5　关于国际金融主导权的研究

1. 霸权稳定论

霸权稳定论是由 Kindleberger（1973）创立的，基本观点是一个自由的国际经济秩序需要政治领导力，霸权国家具有这种能力和意愿。霸权国家可以利用其国家权力手段主导国际金融机制的创建和作用发挥，提供国际金融经济公共产品，如自由贸易规则和稳定的国际金融秩序。他认为之所以会发生大萧条，主要是由于英国失去了领导国际经济秩序的能力，美国已经具备这种能力却缺乏意愿，最终导致国际经济秩序失序。后来被 Robert Gilpin 和 Robert. O. Keohane 不断发展和完善，并引申到国际安全和政治领域。Krasner（1976）认为，国际金融机制的创建是霸权国家利益的需要，霸权国家的衰退将导致国际机制的变迁。冷战结束后世界形成了美国唯一的超级大国的单极格局，美国学者沃尔斯弗提出了单极稳定论，并认为单极世界是和平和持久的。王义桅、唐小松（2000）指出，单极稳定论就是冷战后美国主导的世界秩序稳定论，是美国在世界体系中地位的表现，中国学者应尽早拿出多边稳定论以驳斥单极稳定论。

霸权稳定论对国家权力与世界经济之间的关系做了富有开创性的理论探讨，但是正如 Ducan. Snida 所说，霸权稳定论只适合于范围非常有限且非常特殊的条件。霸权稳定论在理论和实践上都是站不住脚的，霸权与稳定之间没有必然联系，霸权稳定论只不过是为美国霸权政策服务而已（牛震，2000）。霸权稳定论在安全领域不成立，自 19 世纪起，世界冲突不断，还爆发过两次世界大战；在世界经济领域也存在重大缺陷，霸权国未能确保自由贸易政策在全球实施，很多时候是贸易保护政策的带头者和自由贸易的破坏者（郭树永，1997）。霸权稳定论本质上是霸权主义，是为美国霸权主义和强权政治辩护的理论武器（徐佳，2009）。

2. 货币与权力

货币是一种潜在的政治力量，一种权力，并且蕴藏着巨大的破坏性，通过持有、借出和转移可以达到自利的目的（Jonathan Kirshners，2003）。凯恩斯甚至说：颠覆现存社会基础最微妙、最可靠的办法，莫过于摧毁它的货币。货币实际上是一种国家制度，起源于政府法律（Karl menger，1892）。货币的起源和主权国家密切相关，货币是国家主权的象征，货币背后是国家的信用和权威，国家通过税收货币化和财政支出货币化，既减少了市场交易成本，扩大了社会对货币的需求，也获得了丰厚的铸币税收入（Charls，1998）。商品交换的一般等价物在起初是人们自发、自由选择的结果，但是这种等价物能否发展成为一国经济发展的等价物，即国家货币，取决于国家的接受和认可，以及国家权力的运用（Knapp，1924）。L. Randall Wray（1998）继承了 Knapp 的"国家创造货币"的基本观点，认为由于国家征税，民众需要用国家货币缴税，进而创造了人们对国家货币的需求。

居于国际货币体系中领导地位的货币拥有货币强权，即中心货币国家拥有调节利率制衡经济对手的权力、转嫁货币转换成本的权力、延迟支付持续调整成本的权力、重构参与国社会地位的权力等；可以利用国际货币关系，对其他国家施加影响（Andrews，2006）。美国从 1792 年通过《铸币法案》实行统一货币，1914 年建立美联储，1924 年美元超过英镑成为世界最大的储备货币和国际金融市场的融资货币，到 1944 年布雷顿森林体系建立，美元成为名副其实的合法的国际货币，1971 年该体系崩溃，美元摆脱了"黄金枷锁"成为美元霸权，这一过程无不体现着国家权力的力量。货币首先是个政治问题，然后才是经济问题（赵柯，2011）。

3. 国际金融主导权

近年来，随着中国经济的崛起和对外开放的深化，中国与世界经济的相互依赖越来越紧密，中国经济利益和经济安全与其在国际经济金融体系中的权力和影响力密切相关，国内学者开始关注中国在国际金融领域中的话语权、主动权或主导权问题。

中国等发展中家在国际金融体系中主导权缺失，这对它们国家的金融稳定和金融安全造成危害。在以资本和财政金融市场的全球化为核心的经济全球化中，西方国家牢牢掌握着主导权和控制权，并从中得到巨额利润；而发展中家处于被动和受控的处境中，成为国际垄断资本剥削的对象和资本全球化的受害者（孙尚花，2001）。以美国为首的西方国家利用在 IMF 等重大的国际经济组织中的主导地位，制定有利于己的规则，推行金融自由化，引发金融危机，然后让 IMF 提出苛刻的经济援助条件，借此推行金融霸权，严重侵害他国的经济利益（陈高翔，2003）。徐强（2008）强调，中国在经济地位和影响上升的同时，在国际经济体系的互动过程中的主导权力度却相当薄弱。美国在世界经济金融发展中拥有占优策略，美国政府掌握金融霸权，美国金融资本掌握金融市场信息和衍生品设计主导权，并固化和传播美国话语范式；发展中家只有培育比肩美元和高盛的金融力量工具，才能使美国真正坐下来与其商谈全球经济治理改革（章玉贵，2012）。

中国必须争取国际金融主导权。中国应警惕经济主导权被外资掌控，避免虽拥有强大制造能力的后发优势却被边缘化的严重后果，目前中国部分产业控制权丧失，金融主导权被蚕食（章玉贵，2008）。严海波、江涌（2009）明确提出金融主导权问题，并把金融主导权提到国家安全与发展的战略"制高点"的高度。张茉楠（2010）主张中国应该积极发展碳金融争取金融经济主导权。徐强（2010）认为危机之后，国际经济格局发生微妙变化，中国应借此机会摆脱对发达国家的过度依赖，在科技、金融、内需等各方面夯实基础，强化经济主导权。高攀、张文娟（2011）认为，当前国际金融体系改革以及金融监管的加强实质是欧盟与美国争夺金融主导权。张谊浩等（2012）深入研究了国际金融话语权，提出中国应该积极争取国际金融话语权。Li Xing, Oscar Garcia Agustin（2013）将金砖五国的崛起所带来的基于地区合作所形成的联盟关系称为"相互依存式主导权"。并认为主导权是理解世界秩序的核心概念。相互依存式主导权意味着更多通过制衡进而推动世界多极化而避免单极主导。相互依存式的国家集团没有统一的意识形态和新的制度框架来实现其政治和意识形态的趋同。

　　金融危机为中国争取国际金融主导权提供了良机，但是这将是一个漫长而曲折的过程。次贷危机的爆发可以看作当今国际金融格局开始发生变化的重要标志，因为危机风险从发展中国家发展到发达国家。欧美日等发达地区金融帝国地位开始动摇，以中国为代表的发展中国家金融力量在壮大，金融地位也在上升（周炼石，2011）。危机之后，G20作为新兴的全球经济治理的重要平台之一，适当体现和照顾了新兴市场国家及其他发展中国家的利益，并在应对国际金融危机、加强金融监管和国际金融机构改革方面取得了重要共识和成就。但并没有改变世界经济体系结构，美国在世界经济中的主导权或领导地位未被颠覆或改变（朱世龙，2011）。始于2013年7月的美欧自由贸易谈判，欲建立更高层次的贸易、投资标准，将"欧美标准"推广为"世界标准"，继续垄断国际贸易规则制定权，强化对国际贸易的主导权（韩冰，2013）。2014年，美国国会通过的财政预算案并没有就2010年国际社会达成的IMF增资计划进行拨款，这就表明IMF投票权改革可能陷入僵局，美国决心捍卫其国际金融主导权地位（宿景祥，2014）。

1.2.6　简要评述

　　通过对以上相关研究文献的梳理，作如下简要评述：

　　（1）国内外学者对当今国际金融体系已经有很深刻的认识。首先，一个稳定的国际金融体系是国际金融公共产品，涉及各国的共同利益。在世界无政府状态下，由霸权国家充当领导力量组织供给。其次，当今国际金融体系本质上是维护美欧等西方发达地区利益的金融霸权体制，美国金融霸权和美元霸权是当今国际金融体系的基本特征。最后，我国学者认识到，美国金融霸权和美元霸权是导致金融危机频发和世界经济失衡的主要原因，对中国等发展中国家经济稳健发展和金融安全造成危害；纷纷主张中国积极参与国际金融体系改革，提升中国金融经济竞争力，提升中国国际金融影响力、主动权、话语权和主导权。

（2）国内学者虽然已经认识到中国争取国际金融主导权的重要性和紧迫性，但对国际金融主导权的研究，总体处于零散和不系统的初级阶段。首先，对国际金融主导权这个概念至今没有统一的定义，甚至说没有统一的名称，金融主权、金融主导权、金融话语权等各种说法都有。其次，国际金融主导权与金融霸权、金融主权、金融领导权有没有区别，相互之间是一个什么关系，中国为什么要争取的是国际金融主导权，而不是其他。再次，更没有对国际金融主导权的构成要素、形成模式、运行机理、经济影响、发展趋势等问题进行深入的探讨。最后，也没有阐明中国要争取的国际金融主导权具体体现在哪些方面，应该如何去争取等问题。

（3）已有的研究既为本书的研究提供了很好的基础，也为本书的研究提供了广阔的空间。

1.3　研究内容与思路

1.3.1　研究内容

本书研究内容主要包括五部分，具体如下。

第1部分：国际金融主导权的基础理论

这一部分是本书的第一、二章，先从选题背景、研究意义开始，阐述为什么要研究国际金融主导权问题；接着对国内外文献进行研究，并简要综述，以了解国内外学者对该问题的研究现状，这也是本书研究的理论渊源；然后对本书研究关键问题国际金融主导权进行概念与内涵的界定，以确定研究的边界和内容，并在此基础上研究国际金融主导权的特征与主要作用。主要包括：（1）吸收前人的研究成果，追溯国际金融主导权的理论渊源；（2）界定国际金融主导权的概念与内涵，确定研究边界；（3）总结国际金融主导权具有的特征，并概括其国际、国内作用。

第2部分：国际金融主导权形成与转移的历程与比较

这一部分是本书的第三章，从历史背景、经济环境、时代特征、政府作为等方面，梳理由荷兰、英国、美国在不同历史时期掌控国际金融主导权的历程，厘清国际金融主导权的演变过程，并对英美掌握国际金融主导权的历程进行比较，找出异同等。主要包括：（1）梳理国际金融主导权在大国间转移的历程；（2）比较英美掌握国际金融主导权的异同，分析美国掌握国际金融主导权面临的困境。

第3部分：国际金融主导权形成与转移的机理分析

这一部分是本书的第四、五章，以历史比较为基础，拟探寻国际金融主导权为什么会形成，并发生转移，以及如何形成和转移的。主要包括：（1）国际金融主导权形成与转移的内在逻辑；（2）一国掌握国际金融主导权需要具备的国际、国内条件；（3）国际金融主导权形成与转移的国际博弈。

第4部分：国际金融主导权的经济影响

这一部分是本书的第六章，以国际金融主导权的运行机理为依据，构建主导权国与非主导权国的两国模型，分析国际金融主导权分别对两国金融经济的影响，以此为基础拓展到多国，采用实证分析法研究国际金融主导权对经济的影响及效应。本章主要研究国际货币主导权对世界经济的影响，并以美国和美元为例。主要包括：（1）构建开放经济条件下世界经济核算模型；（2）从理论上分析国际货币主导权对世界经济的影响；（3）实证分析美元对世界经济的影响。

第5部分：国际金融主导权转移的趋势及中国对策

这一部分是本书的第七、八章，也是本书研究的落脚点和归宿，通过总结前面的研究结论，结合当前的国际、国内形势，提出科学合理的改革方案和战略建议。主要包括：（1）根据世界格局的变迁和国际金融主导权的特征，分析国际金融体系与国际金融主导权的发展趋势；（2）基于国际金融体系的可能发展方向，确定中国角色；（3）立足于中国的和平崛起和科学发展，提出中国争取国际金融主导权的战略建议。

1.3.2 研究思路

本书按照"理论研究—历史分析—机理探源—实证分析—政策设计"的基本思路，层层相扣，步步推进，形成一个科学完整、逻辑严谨的研究技术路线（见图1-1）。

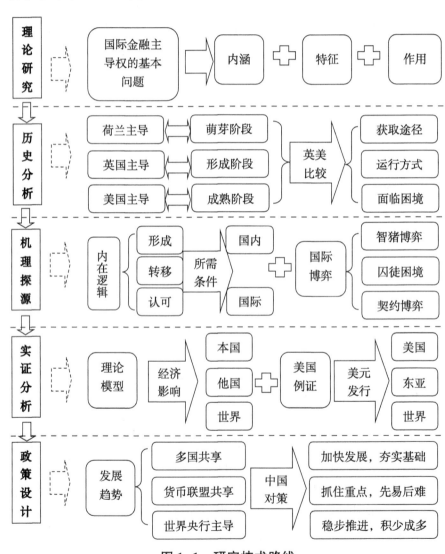

图 1-1 研究技术路线

1.4 研究方法

（1）系统论方法与专家咨询法。本书坚持系统论方法，把国际金融主导权看成是整个世界经济系统中的重要一环进行研究；同时对国际金融体系改革及其他重要问题采用专家座谈、咨询法听取多方意见，使方案与举措科学合理可行。

（2）规范研究法与实证分析法。本书在对国际金融主导权的内涵、性质、特征、未来趋势等进行分析时用到规范研究的方法；在对国际金融主导权对世界经济的影响与效益进行分析时，用到模型构建与计量分析的实证研究方法。

（3）比较归纳法与博弈分析法。本书在分析荷兰、英国和美国在不同历史时期掌握国际金融主导权的发展历程时，用到历史比较法分析国际金融主导权在不同时期的异同，用归纳法总结国际金融主导权包含的要素；在机理研究时用到博弈分析法。

（4）案例分析法与预测分析法。本书在具体分析国际金融主导权的形成、作用时采用案例分析法，分析了美国掌握国际金融主导权的具体情况；根据国际金融主导权的演变历程、现阶段的国际金融格局，预测国际金融主导权的未来发展趋势。

第2章

国际金融主导权的内涵、特征与作用

要研究国际金融主导权的形成与转移问题，必须首先解决国际金融主导权的几个基本问题，即国际金融主导权的内涵是什么，包括哪些内容，国际金融主导权具有什么特征，对主导权国（国际金融主导权拥有国）和世界分别有什么作用①。这就是本章的主要内容。

2.1 国际金融主导权的内涵

"主导权"一词经常见诸报端或杂志论文，尤其在以美国为超级大国的单极世界格局下中国的崛起面临巨大的挑战和困境的情况下，人们格外关注"主导权"问题，如经济主导权、金融主导权、东盟主导权、G20 主导权、南海主导权等，国际金融主导权一词也偶尔在报端被发现。虽然"主导权"一词经常被使用，但鲜见有人对其含义进行详尽的解释，国际金融主导权更是如此。研究国际金融主导权的内涵，必须分清其与金融霸权、金融领导权的区别。

一般而言，霸权是在国际关系中以实力为基础的控制权和操纵权。金融霸权可以看成是在国际金融体系中，占有垄断地位和绝对优势的国家控制或操纵国际金融事务的权力。李永胜（1999）将金融霸权定义为"霸权国利用其军事、政治、经济的优势和凭借其金融实力在国际金融体系中占据主导地位，并将自己的意志、原则或规则强行在整个体系推行，从而获得霸权利润的行为"②。可以看出，金融霸权是以高度垄断和强制占有为特征的，霸权国与对象国之间处于不对称、不平等的地位，霸权国拥有绝对

---

① 本部分主要内容基于作者已发表论文，原论文载于《广义虚拟经济研究》2012 年第 2 期。
② 李永胜最早对金融霸权进行了论述，参见：李永胜. 防范金融霸权 [J]. 现代国际关系，1999（5）：35–39.

的优势，对象国没有反抗的实力，只能服从或利益受损，具有强权性质，是弱肉强食的"丛林法则"在国际金融关系中的体现，是不公正的、不合理的。而国际金融主导权应该是以维护公正、合理的国际金融关系为宗旨，拥有要求对象国遵从国际法则，维持国际秩序的权力，同时使主导权国在公正合理的国际秩序中保障本国利益，二者有着本质的区别。

领导权是只有处于领导地位的个人或组织相对于被领导的个人或组织才能享有的，通常领导者和被领导者处于一个组织关系中的不同层级，即上下级关系。金融领导权，通常指的是在特定的国际金融组织或国际金融事务中，一国由于国际法律、国际惯例，或其他原因获得在国际金融关系中的领导地位，与其他国家形成领导与被领导的关系。这种领导关系是被认可的，不具有强权性质。金融领导权是各国为了公共利益而对本国相应权力的一种让渡，因此享有金融领导权的国家应以维护公共利益为其主要职责，而不应有自己的私利。当然，在现实的国际金融关系中，没有只承担责任而不谋求本国利益的领导权，也没有国家愿意和有能力担当起这种领导权职责。

而国际金融主导权主要是发挥一国在国际金融关系中积极的建设性作用，强调与其他国家之间的合作与协商，不以强制占有和强迫他国服从为特征。如果从优势、利益和责任三要素分析金融霸权、金融领导权和金融主导权的区别，优势是三者均具有的要素之一。金融霸权主要强调本国利益，在本国利益与他国利益或国际利益相冲突时，优先考虑本国利益，甚至不惜牺牲他国或国际利益，不承担国际责任。金融领导权只享有谋求公共利益的权力或责任，不谋求本国私利。金融主导权既强调其对维护国际金融关系的公平、合理，以及国际金融秩序稳定的权力，也强调在此过程中保障本国合法利益和金融经济安全的权利。金融主导权往往是多国享有，而金融霸权和金融领导权通常只是一国享有。

通过比较可以将国际金融主导权定义为：具有一定经济实力和国际地位的国家以协商与合作的方式积极参与国际金融事务，享有保障本国合法权益、维护国际金融稳定发展、引导国际金融秩序发展方向的主动权和话语权。当国际金融主导权由一个霸权国家占有且权力不受约束时，该国往往将谋取本国利益最大化作为首要目标，而将公共利益置于次要地位，甚至不惜牺牲国际公共利益，即金融霸权。因此，可以说金融霸权是国际金融主导权的一种特殊形式。国际金融主导权、金融领导权和金融霸权从内涵来讲是一个从大到小的包含关系，国际金融主导权的范围最大，金融领导权其次，金融霸权最小，金融霸权可以看成是国际金融主导权的特例，如图 2-1 所示。

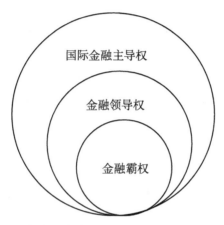

图 2-1　国际金融主导权、金融领导权和金融霸权关系图

　　国际金融主导权的内容与国际金融体系密切相关。国际金融体系是一个复杂而庞大的体系，几乎涉及整个国际金融领域，包括国际货币体系、国际金融机构体系、国际金融市场体系、国际金融监管和规则体系。国际金融主导权也涉及国际金融体系各个方面的主导权，即国际金融主导权包括国际货币主导权、国际金融组织主导权、国际金融规则主导权、国际金融市场主导权。

2.1.1　国际货币主导权

　　国际货币主导权是国际金融主导权的核心。"货币主导权、金融主导权、经济主导权是一种内涵从小到大的递进关系，货币主导权是金融主导权和经济主导权的核心，也是它们的最高形式。"国际货币体系是国际金融体系的核心，同样国际货币主导权也是国际金融主导权的核心，掌握国际货币主导权是掌握金融主导权的基础。从国际金融体系的演变历程来看，国际金融体系的发展本质上是随着国际货币体系的演变而发展的。最早的国际金融体系是"金本位制"，其核心内容就是黄金是国际货币，各国的法定货币都有固定的含金量，可以与黄金自由兑换，或者法定货币本身就是金币，因此各国之间货币的汇率也因各国货币的含金量的固定而固定。第二次世界大战后的布雷顿森林体系与金本位的本质不同就在于，美元与黄金挂钩，等同黄金成为合法的国际货币，各国货币不再与黄金联系而与美元挂钩，形成所谓的"双挂钩"的、固定汇率的国际金融体系。布雷顿森林体系崩溃的标志也是美元与黄金的脱钩，即美国在1973年宣布美元不再按固定比价兑换黄金。可以看出，国际金融体系的演变核心是国际货币体系的演变。

一国要掌握国际金融主导权，其前提是本国货币要成为主要的国际货币。在金本位制的国际金融体系下，英镑是除黄金之外最主要的国际货币，英国掌握了当时的国际金融主导权，并凭借其世界霸主和英镑的国际货币地位实施金融霸权；第二次世界大战后，美国替代英国成为世界霸主，美元替代英镑成为最主要的国际货币，美国由此掌握了国际金融主导权，并实施金融霸权。可以看出，一国货币要成为主要的国际货币，首先要成为国际经济交往中的计价和支付货币，并逐渐使本国货币成为国际储备货币和锚货币。这需要以强大的经济实力为基础，英国和美国无一不是当时经济实力最强的国家。拥有国际货币主导权，对一个开放经济条件下的大国来说是非常重要的。这样不仅可以通过发行国际货币获得国际铸币税和通货膨胀税收益，而且只有这样才能使本国央行的货币政策不受外国影响而具独立性，也不必储备大量外汇应对外汇市场的大幅波动，为本国经济发展营造一个良好的经济环境。

2.1.2　国际金融组织主导权

这里的国际金融组织主要是指，根据1944年在美国新罕布尔州布雷顿森林召开的战后国际货币金融会议的共识所建立的国际货币基金组织（以下简称IMF）和世界银行（也叫国际复兴开发银行）。这也是当今世界从事国际金融管理和国际金融活动的超国家性质的最主要的国际金融组织，在重大的国际金融经济事务中起协调各国行动的作用。IMF主要是协调各国货币的汇率关系，为各国提供短期资金，缓解国际收支失衡，维护国际货币体系的稳定；世界银行主要是为各国提供长期贷款，以促进经济的长期发展和战后经济重建。国际金融组织主导权也主要指在这两大国际金融机构中的主导权。国际金融组织主导权主要包括国际金融机构的投票权、份额和机构高管人选等问题。

国际金融组织从建立到现在，其主导权就牢牢掌握在欧美国家手中。世界银行和 IMF 包括世界贸易组织，本身就是欧美国家为实现自身利益和战后战略布局的结果。美国在 IMF 中占 17.67% 的份额，根据 IMF 的规则，凡重大事项的决策须经 85% 以上的投票通过，美国据此拥有 IMF 的否定权。IMF 的总裁人选为欧洲人，世界银行行长的人选为美国人，这已经成为不成文的规定，至今仍未被打破。当前国际金融体系的改革，最核心最困难的也就在于国际金融组织的改革，因为这涉及权力的再分配问题。因此，国际金融组织主导权的竞争是目前最为激烈的，也是除欧美地区外，其他国家最难获得的权力。欧美地区一直操控着国际金融组织的运作，凡是关系着国际社会重大金融经济事务的决策和规则的制定，欧美地区完全掌握着决定权。发展中国家和新兴市场国家要提高在国际金融组织中的份额，以及相应的权力，就意味着欧美地区要分权或放权，这是欧美地区最不愿意的事情。在短期内要撼动欧美地区在国际金融组织中的主导权是比较困难的，新兴国家和发展中国家应该加强相互之间的金融合作，增进团结，统一发声，以增强发展中国家在国际金融体系中的影响力，进而获得相应的主导权。

2.1.3 国际金融规则主导权

国际金融规则是国际金融关系中一切活动的依据，是国际金融领域各参与方共同遵守的行为规范，反应了参与各方共同的利益诉求，包括一系列协调国际金融关系的协定、法律、惯例等制度安排。国际金融规则的制定和遵从是当时国际金融格局的客观反应，或者说是在既定的国际金融格局下，满足参与各方利益要求的制度性安排。国际金融规则的主导权主要体现在国际金融规则的制定与修改上，谁掌握了国际金融规则制定、修改和解释的主导权，谁就能影响国际金融格局的走向，并使其朝着有利于本国利益的方向发展。健全的国际金融规则有利于维护国际金融秩序的稳定，公正、合理的国际金融规则有利于平衡发达国家与发展中国家在国际金融领域的利益，维护发展中国家的权益。

国际金融规则主要包括金融运行和监管两个方面，但由于受"华盛顿共识"的影响，金融自由化成为全球主流，导致在金融监管方面的规则制定不足。现有的国际金融规则主要是由欧美发达地区主导制定的，有的甚至是英美发达国家的国内法规在影响或指导着国际金融活动，因而更多地反映发达国家金融发展的状况和保障发达国家的金融利益。世界银行、国际货币基金组织（IMF）、银行业监管委员会（巴塞尔委员会）、国际证监会组织（IOSCO）、国际保险监督协会（IAIS）和国际会计准则委员会（IASB）等国际性金融组织，G20、经合组织等多边机制都是谈判制定国际金融规则的场所。要掌握国际金融规则的主导权，必须加大对现有国际金融法规的研究，提出更多具有建设性意义的提案，争取更多的发言权和主动权。

2.1.4 国际金融市场主导权

国际金融市场是指居民与非居民之间，以及非居民之间从事金融交易的场所。国际金融市场是国际金融关系中最活跃的部分和推动世界经济发展的主导因素，也是主要经济体竞争金融主导权的重要领域。国际金融市场是随着国际贸易的发展，生产和资本的国际化发展而不断发展的，而现今国际金融已经成为独立于国际贸易和生产的经济活动。金融在国际经济中的地位也随着经济全球化、经济金融化、金融自由化的发展，而变得越来越重要。国际金融市场也是国际金融主导权发挥作用最明显的地方。

国际金融市场主导权的内涵十分广泛，包括金融资产的定价权、金融市场的调控权、金融产品创新的主导权、金融信息的话语权、金融机构的监管权。国际金融中心的建设、金融体制的完善和资本市场的健全是衡量一国国际金融市场主导权的重要指标。国际金融中心是金融机构聚集、国际借贷、债券发行、外汇交易和保险等金融业务集中开展的地区，也是金融资产和大宗商品市场价格形成的地方，拥有国际金融中心的地位，相当于掌握了金融资产和大宗商品的定价权。完善的金融体制是金融机构生存发展和金融业繁荣的制度土壤，也是国家对金融市场进行宏观调控，对金融机构进行监管的有效机制，从而掌控金融市场的调控权。拥有创新能力和综合实力的大型跨国金融企业是掌握金融产品创新主导权和金融信息话语权的主要途径，目前美国垄断着这两大主导权。华尔街仍然是当今国际金融产品创新的"领头羊"，掌握金融产品创新主导权。标准普尔、穆迪等美国信用评级机构垄断着全球的信用评级业务，掌控着国际金融信息的话语权。

2.2 国际金融主导权的特征

国际金融主导权是一国在国际金融体系中依靠其经济实力和影响力所获得的一系列权力的总和，具有结构性、博弈性、多边性和虚拟性的特征。

2.2.1 结构性

国际金融主导权是一种结构性权力，具有结构性特征。英国著名学者斯特兰奇（Susan Strange）将权力分为联系性权力和结构性权力两种。联系性权力通常指的是传统性权力，即权力主体依靠强制力量要求权力对象按照权力主体意志行事的能力，具有很强的强制性和制约性；而结构性权力主要是权力主体依靠自己的优势或影响力影响权力对象的行为朝着权力主体所希望的方向行动的能力，不具有强制性。[①] 斯特兰奇认为结构性权力在国际政治经济关系中存在于四个不同但又相互联系的结构中。结构性权力存在于能够控制人们的安全的人那里，存在于能决定或控制商品或劳务生产方式的人那里，存在于能控制信贷供应或分配的人那里，存在于掌

---

①联系性权力指甲依靠权力（力量）迫使乙去做他（乙）本不愿做的事的能力，比如金融霸权；而结构性权力指甲依靠影响力改变其他人面临的选择范围，又不明显地直接对他们施加压力，要他们作出某个决定或选择而非别的决定或选择的能力。参见：苏珊·斯特兰奇. 国家与市场［M］. 北京：经济科学出版社，1990：29 –38.

握知识、能全部或局部决定或控制人们获得知识的条件的人那里。也就是说，结构性权力存在于世界政治经济体系中的安全结构、生产结构、金融结构和知识结构中。简单地说，国际金融主导权不是具有霸权性质的联系性权力，而是靠影响力改变他人决策的结构性权力。随着金融危机的爆发、经济的衰退，美国逐步从使用联系性权力转向越来越多地使用结构性权力。

国际金融主导权的结构性特征也指其包含的国际货币主导权、国际金融组织主导权、国际金融规则主导权和国际金融市场主导权是有结构层次的。国际货币主导权处于国际金融主导权的核心地位，成为当今欧美竞争的焦点；国际金融机构主导权和国际金融规则主导权是国际金融主导权的有力保障，是当今欧美发达国家与发展中国家争夺的关键；国际金融市场主导权是国际金融主导权发挥作用的具体体现。

2.2.2 博弈性

国际金融主导权具有博弈性特征，是一个动态的权力，实质是各国在国际金融体系中通过汇率、信贷、参与国际金融组织等手段，以金融方式表达的对世界资源相互争夺与妥协的动态过程。目前的国际金融体系仍然是战后以美国为首的西方发达国家建立的以欧美地区利益为核心的体制的延续，美国金融霸权体制的本质没有改变。在这个体制中，美国最受益，欧洲次之，发展中国家利益最受损，由此发达国家间，发达国家与发展中国家间，形成多方竞争和博弈的状态。在由美国次贷危机引发的国际金融危机之后，国际金融经济格局发生变化，发达国家金融帝国的地位开始动摇，以中国为代表的新兴国家的金融地位显著增强，新兴国家的金融经济发展对世界的影响也越来越大，新兴国家也希望提升自己在国际金融体系中的影响力、获得相应的权力。

这场围绕国际金融主导权的竞争和博弈是相当激烈和复杂的。在这种金字塔式的国际金融体系的权力结构中，各国之间的权力分配是极不平衡的，最明显的就是欧美发达地区掌握和控制着决定权和主导权，发展中国家成为权力的对象，被边缘化，同时欧美之间的权力分配也是不平衡的，美国占绝对主导地位。因此，发达国家之间的权力竞争和博弈也十分激烈，欧盟不愿当美国的附庸，希望提升整体实力和欧元地位，追求自身权益最大化；而美国作为现有秩序的既得利益者，依靠其霸权地位和强大的综合实力极力反对任何有损其利益的改革。另外，作为发展中国家，随着实力的不断增强，改革的愿望和呼声不断增强，希望获得相应的权力，但是要发达国家放权或让权，是极为困难的事情。可见，国际金融主导权的重新分配或转移将是一个漫长的博弈过程。

2.2.3 多边性

国际金融主导权不再由一国独霸，而是由多国共享，具有多边性特征。国际金融主导权的多边性特征实质就是国际金融事务将由多国共同主导。这也是全球经济多极化的表现和必然结果。在国际货币方面，由于美国债务的不断累积，美元信用也随着次贷危机的爆发逐渐下降，美元霸权地位难以为继；欧元是唯一能与美元抗衡的国际货币，可是欧债危机的爆发使其国际地位大受影响，但若欧盟能统一财政，加强内部团结和政策的协调性和统一性，其国际货币地位将增强；同时英镑、日元在国际货币体系中仍占有一定地位；此外，中国人民币、印度卢比等货币在国际金融中的地位也不断增强；在世界货币或超主权货币未变成现实之前，国际货币体系将形成多种货币主导的局势。在国际金融市场方面，世界将由多个国际金融中心组成国际金融市场，伦敦、纽约、东京、新加坡、香港、上海等多地都是国际市场上重要的国际金融中心，共同主导国际金融市场活动。在国际金融组织方面，由欧美控制国际金融组织的局面必将被打破，发展中国家在国际金融组织中的职位、份额将会增加，从而提高发展中国家的话语权。在国际金融事务方面，当今世界的重大国际经济金融事务已不是一个国家能左右或决定的了的，大多是在多边机制的框架下讨论或决定的。未来的国际金融主导权必将是多边性的，由多国主导的。

2.2.4 虚拟性

国际金融主导权具有虚拟性特征，是一个虚拟性的权力。实质上，国际金融主导权不仅是在国际金融法规或协约中所规定的显性权力，而是更多依靠其综合实力、影响力和信誉在国际金融事务中获得的隐性权力①。在现有的国际金融体系中，美国除了享有国际货币基金组织的否定权是显性权力外，大多情况下是通过其美元地位、发达的金融市场、娴熟的金融技巧，强大的军事、科技等综合实力影响国际金融事务，获得为其本国利益服务的隐性权力。以国际金融市场主导权为例，金融信息的话语权是非常重要的。在广义的虚拟经济时代，信息尤为重要，但国际法规或协约中并没有规定美国拥有信息的发布权，而实际上美国依靠其几大信用评级机构，垄断了全球各国政府和企业的重大金融信息的发布权，达到协同国家战略维护本国利益的目的。国际金融市场的调控也是如此，美国依靠高盛等几大国际投行和华尔街巨大的资本聚散能力，掌控着国际资本的流动，进而掌握国际金融市场的调控权。国际金融主导权中除国际货币基金组织中份额与表决权利外，货币主导权、金融市场主导权和金融规则主导权都是隐性的，具有虚拟特征。

2.3 国际金融主导权对世界的作用

国际金融主导权主要是为实现国际金融公共利益和个体利益的协调发挥主导作用，以实现国际金融稳定，促进国际金融经济发展。主要体现在三个方面：供给国际金融公共产品、主导国际金融事务、维护国际金融秩序。

2.3.1 供给国际金融公共产品

公共产品按照萨缪尔森的定义，是指每一个人的消费不会减少任意其

---

①权力中包括来自法定的权力，上级组织的授权或分权等正式组织中的合法的、正式的、制度性的基础权力，即为显性权力；权力中包括非正式的，未被法律和制度承认的，而依靠其知识、能力、魅力或威信、威望，获得能左右他人或其他组织决策或实施的影响力，即为隐性权力。

他人对这种物品的消费①，具有非竞争性、非排他性、非分割性和"搭便车"问题四个特性。查尔斯·金德尔伯格通过对 1929 年的金融危机研究发现，世界经济大萧条之所以发生，关键是国际公共产品尤其是国际金融公共产品的缺乏。实际上国际金融公共产品不仅在金融危机时需要，在正常时期也需要。随着全球一体化的不断加深，国际金融公共产品正是起着对全球化进程中的市场法则的维护和修复作用，国际金融主导权国需要负责管理好国际金融公共产品供给。

根据金德尔伯格的研究，国际金融产品包括稳定而开放的国际金融体系、自由的国际金融货币体制、应对国际金融危机的危机管理机制、完善的国际自由贸易体制、协调国际宏观经济政策的协调机制。通过本次国际金融危机的发生可以发现，国际金融产品还包括国际金融监管机制。这意味着国际金融体系的主导国，既具有提供公共产品的义务，也拥有超主权的公权力。其中国际金融体系是指在世界无政府状态下，各国为实现国际社会的共同利益或公共利益，达成合作或合理秩序的一系列规则、机制、惯例、协作框架和组织机构安排的总称。可以看出，国际金融体系属于国际金融公共产品，甚至可以将国际金融公共产品的所有内容都包括在国际金融体系之内，或者说所有的国际金融产品就是一个国际金融体系。供给国际金融公共产品，简单地说就是提供一个合理、稳定、可行的国际金融体系。国际金融体系可以分为国际货币体系、国际金融机构体系、国际金融市场体系和国际金融规则体系，对应的国际金融主导权也包括这四个方面的主导权。国际金融主导权的首要作用就是负责管理好国际金融公共产品的供给，以维护或构建一个稳定开放的国际金融体系。

2.3.2　主导国际金融事务

国际金融事务十分繁杂，几乎包括整个国际金融体系的所有事务。从广义上看，包括：国际汇率制度的安排、国际储备资产的选择与确定、国

---

① 美国经济学家萨缪尔森把物品分为公共产品和私人产品，参见：Samuelson, Paul, 1954. The Pure theory of Public Expenditure [J]. Review of Economics and Statistics, XXXVI, Vol. 387-389.

际收支及其调节机制、国际间金融事务的协调与管理。从狭义上看主要指国际的货币安排。国际金融主导权国在主导国际金融事务的协调与处理中，应以维护国际公共利益为主要目标，在此基础上保障本国利益。在实践中往往与此相反，主导国拥有占优策略，占有绝对优势，以实现本国利益最大化为目标，兼顾国际公共利益。主导权国在处理国际金融事务时，要权衡公共利益与个体利益，因为维护本国利益而过度损害公共利益往往会使主导权国的国际公信力降低，从而增加主导权国主导国际金融事务的成本，对本国利益不利。

国际储备资产的选择与确定、国际汇率制度的安排、国际收支失衡调节机制等重大国际金融事务，往往都体现了主导国的国家意志，对主导权国最有利，同时主导权国对国际经济金融的稳定发展也起着积极作用。在国际金本位制体系下，黄金和英镑是国际货币和储备资产，黄金可以自由流通，铸币平价决定国际的货币汇率。英国对这种固定的汇率制度安排起着非常重要的作用，英国保证英镑与黄金的自由兑换，也就保证了英镑的信用，这对促进国际贸易金融的稳定发展非常重要。在布雷顿森林体系下，"双挂钩"的制度安排，解决了黄金不能满足国际经济快速发展需要的难题，促进了战后国际金融秩序的恢复和经济重建，美国保证美元与黄金的兑换，也是对美元信用的保证。然而，在牙买加体系下，美元与黄金脱钩，美元信用失去了硬保证，于是美国极力通过其强大的经济、科技和军事优势，力图保证世界对其强大的信心，以维护其美元信用。但是，其损人利己的一些政策正逐渐削弱其主导国的公信力。

2.3.3 维护国际金融秩序

国际金融秩序是在一定历史时期，国际力量格局在国际金融领域的一种体现，反映了主导国利益的优先安排，因此主导国都会极力维护既有的国际金融秩序，以保障本国在该格局中获得最大利益。国际金融秩序的变更往往也跟随着国际金融主导权在大国间的历史转移，国际金融体系的改革和国际金融新秩序的重构本质上就是国际金融主导权的再分配。在新的力量格局尚未形成并强大到打破旧的力量格局之前，维护既有的国际金融秩序是主导国的主要战略目标；在新的国际金融秩序形成之后，新的国际金融主导权国也会维护新的国际金融秩序。维护既有国际金融秩序，实际上就是维护主导权国在国际金融领域包括国际货币、国际金融市场、国际金融机构和国际金融规则四个方面的主导权。尤其是在发生国际金融危机或经济危机时，往往对主导国的主导地位也造成危机。因此，主导权国格外注意应对危机，维护国际金融体系的稳定和其主导权地位。

在英国主导的国际金本位制体系下，英国掌控着以英国为核心的国际金融秩序。20 世纪初，美国、日本、德国的实力大幅增加，而英国牢牢掌握主导权的国际金融秩序没有反映国际力量格局的变化。德国、日本不惜发动世界大战以争夺包括金融主导权在内的国际主导权，未能如愿。在这一过程中，世界格局发生了巨变，美国虽不是战争的发起方，却成了最大的赢家，英国实力大减，多次爆发英镑危机，英国采取各种措施极力挽救，最终无果，旧的国际金融秩序被打破，新的国际金融秩序产生。在布雷顿森林体系下，美国全面掌控了国际金融主导权，维护以美国为核心的国际金融秩序成为其战略目标。在 20 世纪六七十年代，多次爆发美元危机，导致布雷顿森林体系瓦解，但美国通过金融外交极力挽救美元，将美元与石油交易挂钩，最终形成了美元本位制的牙买加体系，保住了以美元为核心的国际金融秩序。如今国际金融危机再次危及美元的核心地位和国际金融主导权地位，美国不惜采取一切措施维护其主导权地位。目前的国际力量格局已发生重要变化，但尚未强大到可以超越美国的程度，在可以预见的未来，美国的国际金融主导权可能被削弱而不会被替代。

2.4 国际金融主导权对本国的作用

相互依赖的国家存在共同利益和个体利益之间的矛盾，在与公共利益有关的决策中，实际上几乎不存在依据公共利益进行的选择，而只存在各种特殊利益之间的相互制约①。在一个无政府状态的国际社会里，不存在纯粹为了公共利益的公权力，各种权力的存在只不过是各个体之间为了各自利益而相互博弈和妥协的过程。国际金融主导权因为国际金融公共产品而存在，为了协调各方利益使公共利益最大化，本质上也是为了主导国自身利益的最大化。由于"搭便车"和外部性问题的存在，不协调各国政策，相互之间采取"以邻为壑"的金融经济政策，结果是各国利益均严重受损。在某种程度上可以说主导国利用国际金融主导权主导国际金融事务，管控好国际金融公共产品的供给和维护国际金融秩序，在保障国际金融体系稳定的同时，使自己的利益最大化，是一个多赢的局面。因此，拥有国际金融主导权，对于维护本国（指拥有国际金融主导权的国家，后文中出现的本国均表示此意）金融利益享有一定的优势，更有利于维护本国金融主权和维持本国金融稳定。

2.4.1 维护本国金融主权

在相互依赖的国际社会里，各国间的关系相互联系，各国间的经济金融政策更是相互影响，国际金融关系处于一个相当敏感的状态。在当今的国际金融体系金融霸权的本质特征仍未改变的情况下，以美国为首的西方国家的经济金融政策对他国的影响尤为突出，甚至影响他国的金融主权。金融主权包括对金融政策决策和实施的独立性和自主性、对金融市场的控制权、对金融机构的监管权、以及对危机的处理和调控权。如果一个国家存在金融政策依赖其他大国、金融市场波动被其他国家或国外机构操纵、国内主要金融机构和金融资产被国外控制、危机爆发后的处理和调控受他国的牵制和掣肘等情况，那么可以说这个国家的金融主权受到侵害。如美国在本次金融危机之后采用的量化宽松政策，使其他本国货币非主要国际货币的国家被动的投放大量基础货币，使其货币政策丧失独立性和自主性，实际上影响了其国家的金融主权，中国就是受害者之一。美

①这是公共选择理论的一个基本立意，詹姆斯·布坎南（James Buchanan）是该理论的主要创立者。参见：[美] 詹姆斯·布坎南. 自由、市场与国家 [M]. 平新乔，等，译. 上海：上海生活·读书·新知三联书店，1989.

国 20 世纪 90 年代大力推广"华盛顿共识"①，使拉美地区金融开放，外资控制本国金融机构和金融市场，其国家金融主权受到严重侵害。

然而拥有国际金融主导权的国家，在维护本国金融主权方面拥有先天优势。国际金融主导权国的国家货币是主要的国际货币，在以信用货币为本位币的国际金融时代，这意味着主导国拥有相对独立的金融货币政策决策权，不会受其他主要国际货币国影响而被动实施相应的货币政策。国际金融主导权国掌握着国际金融组织主导权，在 IMF 和世界银行拥有一定的决策投票权，这样可以在制定国际金融政策时充分表达意见，对于损害本国金融主权的金融政策加以反对。国际金融主导权国掌握着国际金融市场主导权，对国际金融市场有相当的影响力，这样可以避免出现本国市场受其他金融市场严重影响或操纵，而威胁本国金融安全，失去控制。国际金融主导权国也掌握着制定国际金融规则的主导权，这样有利于制定符合本国利益的规则，并使国际金融秩序朝着有利于本国的方向发展。

2.4.2　保障本国金融安全

金融是经济发展的核心，资源配置的市场手段，随着经济金融化和经济全球化的发展，金融在经济中的地位越来越重要。金融安全也越来越成为国家安全的一部分，甚至无硝烟的金融战争对一国经济的毁灭性打击和破坏不亚于一场战争的摧毁。保障本国金融安全不再仅仅是一个金融经济问题，也是一个国家安全战略问题。金融安全是指一国金融市场或国内金融体系的动态稳定运行状态，通常涉及金融风险和金融危机。保障一国金融安全就是要减少本国金融风险的集聚，避免金融危机发生。如果一国金融风险越高，爆发金融危机的可能性就越大，那么该国的金融运行也就越不稳定，金融安全将面临巨大问题；相反，金融风险越低，金融市场和金

---

①1989 年，IMF、世界银行和拉美国家的政府高级官员、金融界与企业界人士以及美国几所著名大学和研究机构的经济学家等齐聚在美国华盛顿，召开的一次旨在解决拉美国家经济衰退的国际研讨会。会后，美国国际经济研究所高级研究员约翰·威廉姆森将会议最终取得的成果归纳为"华盛顿共识"。共识中市场化、自由化、私有化和"去政府"干预等要求集中反映了哈耶克、弗里德曼等新自由主义代表人物的思想主张。参见：聂圣平. 从"华盛顿共识"到"中国式道路"——关于经济发展模式的若干思考 [J]. 经济体制改革 2012（6）：21-25.

融体系也越稳定，金融安全就越有保障。

金融危机在现代经济中是一个常见的现象，尤其是自 20 世纪 90 年代以后，金融危机爆发的频率越来越高，间隔的时间越来越短，影响的范围也越来越大。由 20 世纪早期的几十年爆发一次，到 20 世纪 70 年代的十年左右爆发一次，发展到 90 年代后的三四年爆发一次，新世纪大大小小的金融危机似乎连年不断，规模也从一国、一个地区，发展到全球性金融危机。始于 2008 年美国次贷危机的本轮国际金融危机，从其影响范围来讲是史无前例的，远大于 20 世纪 30 年代的资本主义经济大萧条。这些金融危机的爆发，无论其是否发端于本国，都对维护本国金融稳定，保障本国金融安全提出了更严峻的挑战。纵观历次金融危机可以发现，金融危机对于中心国家的影响要小于对外围国家的影响，中心国家掌握着国际金融主导权，甚至是金融霸权。它们拥有分散或转移金融风险的优势，以及危机后金融自主调节和恢复的能力。

本轮金融危机的祸端是美国次贷危机，然而由于美国处于世界体系的中心位置，掌握着国际金融主导权，迅速将危机扩散并转嫁世界各国，全世界深受其危机的影响，经济萧条，复苏缓慢，欧盟还被拖入债务危机的泥潭不能自拔；新兴国家在危机早期面临危机对本国金融市场的冲击和实体经济的打击，随后面临美国量化宽松政策带来的输入性通货膨胀压力和热钱大规模流入导致的资产价格泡沫风险，现在又面临着美国量化宽松政策退出，热钱大规模流出，资产价格泡沫破灭的风险。反观美国，其经济在发达国家中率先复苏，失业率不断下降，美国股市已经创出历史新高，"牛冠全球"。反观中国经济近三年来，增长速度逐年下降，股市还徘徊在危机后的糟糕阶段。可以看出，拥有国际金融主导权有利于维护本国金融安全。

2.5　本章小结

本章界定了国际金融主导权的内涵、研究了其特征和作用。国际金融主导权是具有一定经济实力和国际地位的国家以协商与合作的方式积极参与国际金融事务，享有保障本国合法权益、维护国际金融稳定发展、引导国际金融秩序发展方向的主动权和话语权。国际金融主导权不同于金融霸权，金融霸权是以高度垄断和强制占有为特征的，以实力为基础的控制权和操纵权，是不公正的、不合理的；而国际金融主导权应该是以协商和合作为主要手段，以维护公正、合理的国际金融关系为宗旨，二者有着本质的区别。毫无疑问二者也存在一定联系，实施金融霸权的国家拥有国际金融主导权，而掌握国际金融主导权的国家不一定能（或会）实施金融霸权。

国际金融主导权具有四个特征。国际金融主导权具有结构性特征，包括国际货币主导权、国际金融市场主导权、国际金融机构主导权和国际金融规则主导权四个方面；国际金融主导权具有博弈性特征，是一个动态的权力，是各国在国际金融体系中通过汇率、信贷、参与国际金融组织等手段，以金融方式表达的对世界资源相互争夺与博弈的动态过程；国际金融主导权不再由一国独霸，而是由多国共享的权力，具有多边性特征；国际金融主导权具有虚拟性特征，是一个虚拟性的权力，国际金融主导权不仅是在国际金融法规或协约中所规定的显性权力，而是更多依靠其综合实力、影响力和信誉在国际金融事务中获得的隐性权力。

国际金融主导权的作用包括对世界和本国两个方面。国际金融主导权对世界的作用体现在供给国际金融公共产品、主导国际金融事务和维护国际金融秩序三个方面。国际金融主导权对主导权拥有国的作用体现在维护本国金融主权和保障本国金融安全两方面。

随着国际贸易的发展和国际市场的形成，国际金融从为国际贸易服务逐渐发展成为一个独立的行业，国际金融主导权也随之形成。随着国际经济格局的变化，国际金融主导权在大国间不断转移。国际金融主导权的形成经历了荷兰的萌芽阶段、英国的形成阶段和美国的成熟阶段，也相继经历了从荷兰向英国转移，从英国向美国转移的历程。美国和英国在获取国际金融主导权的途径，以及运行国际金融主导权的方式方面均存在差异，但都存在特里芬难题和霸权衰退困境①。

3.1　国际金融主导权形成与转移的历程

随着西方海外殖民的不断扩展，国际贸易活动日益繁荣，作为世界普遍接受和认可的国际贸易结算工具——国际货币的产生成为必然，国际金融体系的核心问题——国际货币的发行由谁负责或主导的问题，即国际金融主导权随之萌芽产生。国际金融随着国际贸易规模与范围的不断扩大而发展，其内容与形式由早期单纯为国际贸易活动服务的国际汇兑和国际结算，逐步发展到国际投资和国际信用等独立的国际金融活动。国际金融主导权作为维护国际金融体系和秩序的一切权利的集中体现，随着国际金融的发展而丰富，其包含的内容也由早期单一的国际货币主导权逐步拓展到国际金融市场主导权、国际金融机构主导权和国际金融规则主导权四个方面。到目前为止，国际金融主导权由霸权国家所掌握。根据现代世界体系理论创立者沃勒斯坦的观点，迄今为止只出现了荷兰、英国和美国三个霸权国家，它们掌握国际金融主导权，并实施金融霸权，本质上是其霸权行

①本部分主要内容基于作者已发表论文，原论文文载于《广义虚拟经济研究》2013年第3期。

为在国际金融领域的表现而已①。相应地，荷兰、英国和美国的国家货币荷兰盾、英镑和美元分别在不同历史时期成为主要的国际货币，国际金融主导权的形成过程也相应经历了由荷兰掌握的萌芽阶段、由英国掌握的形成阶段和由美国掌握的成熟阶段②。

3.1.1 萌芽阶段（荷兰掌握国际金融主导权）

随着海外殖民的扩展和国际贸易的发展，为了方便交易与结算，荷兰统一了货币标准（荷兰盾），并成为欧洲结算货币，阿姆斯特丹发展成为国际金融中心，荷兰由此掌握了早期的国际金融主导权，这是国际金融主导权的萌芽阶段。

14、15世纪，随着欧洲生产力的提高和资本主义生产关系的产生，商品经济和市场的扩大，货币和黄金逐渐取代土地成为欧洲的主要财富标志③。基于对货币和黄金的狂热追求，冒险家和航海家们在15世纪末和16世纪初发现了美洲"新大陆"和通往亚洲的"新航线"，欧洲贸易范围空前扩大，欧洲加强了与世界各国的贸易，世界市场初步形成。随着新航线的开辟，世界贸易由地中海转移到大西洋，在这一过程中，荷兰抓住机遇取代西班牙逐渐成为新的世界贸易中心和海上霸主，被称为"海上马车夫"④，阿姆斯特丹发展成为国际贸易中心。为了方便国际贸易中的货币兑换、票据交换和国际结算，1609年，荷兰成立了阿姆斯特丹汇兑银行，也是除意大利以外的第一个近代银行，并建立了最早的银行制度。由于规定

---

①现代世界体系理论的创立者伊曼纽尔·沃勒斯坦（ImmanuelWallerstein）认为，称霸是少有的，迄今为止只有荷兰、大不列颠和美国一时称霸资本主义世界经济，而每一个国家也只维持了一个相对短暂的时期，荷兰更是昙花一现。参见沃勒斯坦. 现代世界体系（第二卷）. 北京：高等教育出版社，1998：44-48.

②本部分主要内容基于作者已发表论文，原论文载于《广义虚拟经济研究》2012年第4期。

③林左鸣博士认为，随着生产力水平的不断提高，财富的规模和种类迅速增长，财富需要凭借一些客观存在依附，或者说需要特定的载体承载已创造的财富，这种能让人感觉到最可信赖、最方便、最能满足人们经济活动需要的财富载体，就是"财富标志"。林左鸣. 广义虚拟经济——二元价值容介态的经济［M］. 北京：人民出版社，2010.

④直到1728年，丹尼尔. 迪福（Daniel Defoe〔1660—1731〕英国著名小说家）仍把荷兰称为"世界的马车夫、贸易的中间商、欧洲的代理人和经纪人"。参见：沃勒斯坦. 现代世界体系（第二卷）［M］. 北京：高等教育出版社，1998：54.

所有超过 600 银行盾的票据都必须在该银行清算，所有大额交易都通过转账来实现结算，在 17 世纪，阿姆斯特丹汇兑银行发展成为世界性的票据交换中心和外汇汇兑中心。

虽然 16 世纪欧洲各国已将黄金等贵金属作为主要财富标志和货币，但是各国贵金属货币由私人银行铸造，种类繁多，价值不等，不利于国际贸易的发展，于是阿姆斯特丹银行规定了荷兰全国通用的标准硬币的贵金属含量，全国的各种国内外货币经估价后全部换成一定数量的标准货币。荷兰标准硬币在质量上可靠，在国际贸易中大量用于计价和结算，逐渐成为世界贸易中值得信赖的货币和欧洲财富标志。同时，荷兰广泛应用成熟的交易规则和金融技术，并大胆进行金融创新，开创许多新的金融业务，推动了国际金融的发展。1609 年成立的阿姆斯特丹证券交易所——世界上最早的证券交易所，使股票和债券可以在此上市交易，为荷兰国内外投资者提供了极其方便的投资渠道，吸引了欧洲大部分资金流入这个城市，截至 1800 年，有 14 个国家的 70 个证券在此上市。此外，荷兰创立了许多交易技术和金融规则，金融工具、机构和市场不断发展与完善，国际融资和国际贷款两大业务也高度繁荣。荷兰在金融方面走在世界前列，并逐渐在国际货币和国际金融市场方面掌握了主导权，这时的国际金融尚未形成体系，国际金融主导权开始萌芽。这时的国际金融主导权主要包括国际货币主导权和国际金融市场主导权两个方面的内容。

3.1.2 形成阶段（英国掌握国际金融主导权）

随着资本主义的快速发展，自由贸易体系的建立，伦敦成为国际贸易和金融中心，金本位体系的建立，使英镑成为国际货币和世界财富标志，英国在国际货币、金融市场和金融规则方面掌握了主导权。这是国际金融主导权的形成阶段。

17、18 世纪，资产阶级政权纷纷建立，资本主义生产关系在欧洲和北美洲基本确立，从制度上保障了生产力的提高和商品经济的发展。工业革命的爆发，提高了劳动效率，改革了生产方式，从技术上推动了国际贸易和商品经济的发展。同时，欧洲各国对世界市场和海上霸权的争夺也十分激烈，英国在击败西班牙、荷兰、法国和俄罗斯之后成为"日不落帝国"。1688 年，英国的"光荣革命"既确立了君主立宪制度，也带来了荷兰先进的金融技术、管理经验和人才。发源于英格兰的工业革命，率先推动了英国资本主义工业化进程，奠定了其"世界工厂"的地位。随着工业和航运业的发展，英国逐渐取代荷兰成为海上霸主和世界贸易霸主，进入 19 世纪，伦敦已经成为"欧洲乃至整个世界的贸易都会"。为了国际贸易的发展，1821 年正式启动金本位制——以黄金作为本位币的货币制度，规定英镑的含金量，随后欧洲各国先后实施金本位制。到 19 世纪 70 年代，国际金本位体系建立，加上英国经济贸易的快速发展，英国稳健的金融体系和世界对"日不落帝国"的信心，世界进入了"英镑世纪"。英镑成为最主要的国际储备货币和国际贸易结算货币，40%以上的国际贸易用英镑结算。英镑由于其价值稳定和自由兑换的信用保证，逐步成为国际货币。加之可以生息，英镑成为优于黄金的世界财富标志。

英国不仅学习荷兰的金融经验，而且进行大胆改革和创新，建立了比较完备的金融体系，在国际金融领域具有巨大的影响力。第一，建立了中央银行制度。1694 年成立的世界上第一个股份制银行——英格兰银行具有货币发行权，发行英镑，充当其他商业银行的最后贷款人角色，成为第一个现代意义上的中央银行。第二，形成了现代的金融市场，掌握了资产定价权。英国自 17 世纪末开始，形成了发达的现代证券市场，建立了庞大的政府债券市场。这里有着历史上最悠久的交易所之一：伦敦证券交易所，承销了全球大约三分之二的股票业务。伦敦还有世界最大的金属交易所，从 19 世纪后期开始贵金属的期货交易，对全世界贵金属价格有重大影响。第三，积极开展国际融资和对外投资，在国际贸易融资和对外投资方面具有领导地位。19 世纪末 20 世纪初，伦敦与 150 个国家有资本流动，在 19 世纪 70 年代，每年从这类利息和红利中得到的收入超过 5000 万英镑①。第四，英国成为当时国际金融规则的制定者。在当时的国际金融体系中，英国居于最中心，是国际金融规则的制定者和执行者，如英国自 1816 年实行的金本位制，逐渐被全球主要资本主义国家采用，最终建立了国际金本

---

① 数据来源于《大国的兴衰》（[美] 保罗·肯尼迪）国际文化出版社，2008 年出版，第 152 页。

位体系。到 19 世纪中后期，国际金融快速发展，国际金融体系形成，英国在国际货币、国际金融市场和国际金融规则方面掌握了主导权，这时期国际金融主导权初步形成。

3.1.3 成熟阶段（美国掌握国际金融主导权）

随着两次世界大战的爆发，美国超越英国成为世界最大债权国，战后布雷顿森林体系建立，以美国为中心的国际金融秩序确立，美元成为了新的世界财富标志和国际货币，美国完全掌握了国际金融主导权。这是国际金融主导权的成熟阶段。

美国自南北战争以后，在第二次科技革命的推动下，迅速完成了近代工业化，经济得到了快速发展，到 1870 年 GDP 超过英国，成为世界第一经济强国。美国的工业化过程吸引了包括英国在内的世界资本的流入，两次世界大战期间，政局稳定的美国更是成了世界资本和人才避难的天堂，美国大发其财，世界三分之二的黄金流入美国。相反英国却经两次战争，实力大减，黄金大规模流出，第一次世界大战后就由债权国变成债务国，英镑信用下降，世界对英国的信心下滑，加上战争期间各国限制黄金的流出，破坏了国际金本位体系的基础，国际金本位体系瓦解，导致英镑走向衰败，第二次世界大战更是加大了英美之间实力的差距。纽约取代伦敦成为新的世界贸易和金融中心，美元也取代英镑成为国际贸易的主要结算货币，加上第二次世界大战后布雷顿森林体系的确立，"双挂钩"[①] 的制度安排，更确保了美元的国际货币地位。由于美元良好的流动性和信用保障，世界对美国世界强国和领导地位的认可及信心，美元取代英镑成为新的世界财富标志，世界进入了"美元世纪"。

美国不仅在国际货币方面拥有主导权，在国际金融市场、国际金融规则和国际金融机构方面都享有主导权。第一，美国拥有强大的金融市场和最大的国际金融中心。纽约聚集着众多金融机构，规模庞大类型繁多。纽约是世界最重要的商业银行中心和投资银行中心，还是共同基金、养老基

---

①"双挂钩"是指布雷顿森林体系下美元与黄金直接挂钩，各国货币与美元挂钩的，可调节的固定汇率制度。

金、对冲基金、私募基金等资产管理公司最大的中心。纽约掌握世界规模最大的股票市场与债券市场，美国政府债券市场是世界上流动性最强的政府债券市场，纽约证券交易所提供了一个无可匹敌的公司股票市场。第二，美国掌握着国际金融机构的绝对主导权。世界金融组织的建立本身就是第二次世界大战后以美国为首的欧美国家重分世界利益的结果。世界银行自成立以来，一直由美国人当选世界银行行长；国际货币基金组织一直由欧洲人担任总裁，但美国拥有实质性的否决权。第三，美国掌握着国际金融规则主导权。布雷顿森林体系确立的战后国际金融秩序，是以美国的"怀特计划"为蓝本的，以美元为中心的国际货币体系，以维护美国利益为核心。美国不仅对国际金融规则的制定有主导权，甚至掌握着相关的解释权。相应地，布雷顿森林体系的确立，为新的国际金融体系的建立提供了国际法律和制度保障，直接促使国际货币基金组织和世界银行成立，对战后国际金融秩序的恢复和战后经济的重建起着十分重要的积极作用。美国拥有国际金融主导权，既享受着该权利带来的利益，也承担着相应的国际义务，这时的国际金融主导权包含了其全部内容，进入成熟阶段。

3.2　英美获取国际金融主导权的途径比较

由上节分析可知，荷兰、英国和美国三个霸权国家掌握国际金融主导权的情况是不一样的。荷兰掌握国际金融主导权时，世界市场初步形成，国际金融还尚未形成体系，荷兰的金融作用和影响力主要在欧洲。在某种程度上可以说，荷兰掌握着当时欧洲金融主导权，对国际金融的影响力十分有限。在历史上真正掌握国际金融主导权的只有英国和美国。英国掌握国际金融主导权时期，英镑成为世界财富标志和国际货币，在英国的主导和影响下形成了金本位制的国际金融体系。美国掌握国际金融主导权时期，美元成为世界财富标志和国际货币，在美国的主导和推动下形成了以"双挂钩"为特征的布雷顿森林体系，在布雷顿森林体系崩溃以后，又形成了美元本位制的牙买加体系，这被称为不成体系的国际金融体系。但由于英国和美国各自在不同的历史条件和国际、国内环境下，它们获取国际金融主导权的途径、对世界的影响以及本国对国际金融主导权的利用等情况都有巨大差异，通过对这些情况的比较，有利于深刻认识国际金融主导权的形成与发展。

纵观现代经济发展和世界金融发展的历史发现，国际金融主导权一直是由霸权国家所掌控，由于霸权国家不是一成不变的，而是随着其国家实力的兴衰在大国间不断转移，国际金融主导权也随着霸权的转移而在大国间转移。英国取代荷兰获得国际金融主导权的基础是英国取代荷兰成为新的世界霸主，在军事、经济方面都占据绝对优势；美国取代英国掌握国际金融主导权的基础，同样是美国在经济、军事等综合实力上全面超过英国成为新的世界霸主。因此，要分析英美取得国际金融主导权的途径，应从分析英美取得霸权地位的途径入手。简单地说，英国和荷兰之间的霸权转移，是通过经济赶超和军事斗争取得的，英荷之间爆发了直接的军事冲突；美国和英国之间的霸权转移，主要是通过经济赶超和非军事斗争取得的，美英之间没有发生直接的军事冲突。英国获得国际金融主导权是在其获得霸权地位的过程中，自然演进的过程；而美国获得国际金融主导权则是其在争取霸权地位的同时，政府有计划地通过战略部署积极争取的过程。

3.2.1 英国获取国际金融主导权的途径

英国取代荷兰成为世界霸主，并最终获得国际金融主导权是一个渐进的过程，也是英荷之间直接竞争和博弈（包括军事斗争）的结果，更多的是一个自然演进的过程。

首先，英国在 17 世纪 50—70 年代通过对荷兰发动三次战争，获得最终胜利夺得海上霸权地位，并逐步建立起"海权—贸易—殖民地"的帝国主义模式。15—18 世纪的欧洲处在一个群雄争霸的时代，先后有葡萄牙、西班牙和荷兰称霸欧洲与世界。由于受重商主义思想的指导，贵金属（货币）成为财富标志，各国纷纷把获取更多的金银作为一切政策的目标。获取金银的途径有两种：一是开采金矿，二是形成对外贸易顺差，而第一种方法由于受自然条件的束缚无法主动增加，通常只能用第二种方法。英国要扩大对外贸易，面临的最大障碍在于荷兰的海上贸易霸权。荷兰为了垄断世界贸易而控制着世界海洋的航运，控制着英国与波罗的海沿岸各国的贸易，扼住英国海外贸易的咽喉——掌握着北海和英吉利海峡的制海权。英国要实行扩张路线，发展对外贸易，必须打破荷兰的封锁。

其次，1688年的"光荣革命"① 建立了君主立宪制的资本主义国家体制，结束了英国长达半个世纪的议会与国王之间关于主权的纷争所造成的国内混乱局面，为资本主义工商业的发展奠定了稳定的国内政治基础。英国的君主立宪制比欧洲大陆的君主专制制度要更加宽松、开放和自由，更有利于资本主义经济关系的发展。光荣革命确立了"议会主权"原则，国家权力的中心在议会，国王权力受到限制。光荣革命使英国在世界史上第一个打破了专制王权，建立了第一个责任制政府，政府对议会而不是国王负责，这样权力受到了制衡和约束。同时，人们的私有财产受到保护，极大地激励了生产者的积极性。这也为始于英国的工业革命提供了政治环境和制度保障。

最后，1694年英格兰股份制银行的成立开启了英国长达100多年的金融革命，为英国建立了一个适合资本主义工商业发展的金融体系。第一，金融革命催生了英国的现代证券市场。英格兰银行具有发行、管理英国国债的职能，英国政府由此借债的机会与规模大大增加。随着自1697年起英国与西班牙之间的七年战争的爆发，英国债务规模激增，新东印度公司（1698年成立）、南海公司（1711年成立）都纷纷给政府贷款，这些公债都以政府债券的形式发行和流通，逐步形成了庞大的政府债券市场。同时，随着南海公司发行的股票受到投资者的热捧，许多公司效仿南海公司发行股票，为伦敦证券市场的形成起到巨大的带动效应。随着众多投资者定期的买卖和交易，有组织和稳定的证券市场在伦敦逐步成型。第二，英

---

①由于伊丽莎白女王之后，詹姆士一世和查理一世奉行的"君权神授"的国王至上的专制王权与英格兰人崇尚自由的传统格格不入，长期的矛盾和纷争最终激起了英国革命。1688年7月30日，议会两党的7位政治要人邀请詹姆士二世的女儿玛丽和女婿威廉（时任荷兰奥兰治执政）执政。威廉带兵进入英国，未发一枪，便使詹姆士二世仓惶出逃，从此议会重掌大权，国王权力受限。这场革命未有流血，因此历史学家将其称之为"光荣革命"。

国银行业务体系开始形成。业务体系主要包括两部分：一是伦敦的私人银行家，这是自治程度比较高的专业银行家，多为金匠出身。从 17 世纪末开始从事办理吸收存款、发放贷款和贴现票据业务。二是金融中间人，也就是 18 世纪末发展起来的票据经纪人，他们通过交换票据，赚取佣金，为城乡之间调剂资金余缺起到重要作用，由此形成了 19 世纪伦敦巨大的贴现市场。

自从光荣革命时期，威廉国王从荷兰带来大量金融人才和资金开始，就开启了伦敦与阿姆斯特丹之间未来金融竞争的序幕。到 18 世纪中叶，伦敦金融体系基本成型，但并未超越阿姆斯特丹，在国际贸易融资和对外政府贷款两个领域，英国贸易商和政府仍依赖荷兰的阿姆斯特丹。但随着英国海外贸易的高速增长，1780—1784 年，英荷海战英国战胜荷兰取得了制海权，1806 年，拿破仑的法国军队占领荷兰，使伦敦与阿姆斯特丹的角色完全逆转。伦敦取代阿莫斯特成为欧洲乃至世界的贸易中心和金融中心，并随着 1816 年英国金本位制的实施，欧洲及北美相继建立起了国际金本位体系，英国在国际货币、国际金融市场和国际金融规则三个方面也逐步掌握了国际金融主导权。此后爆发的工业革命，更是巩固了英国国际贸易和金融的霸主地位，并帮助其成为一个无可匹敌的"日不落帝国"。

3.2.2　美国获取国际金融主导权的途径

美国超越并取代英国成为新的世界霸主，掌握国际金融主导权，是自然演进和积极争取的结果。美国除了早期为争取独立与英国发生战争外，未经历像英荷争霸的直接战争。但它们之间的竞争和博弈依然十分激烈，在经历了酝酿、争夺和超越三个阶段之后，最终美国取代英国获得国际金融主导权。

第一阶段：酝酿阶段，从 1791 年美国第一银行成立到 1913 年美国联邦储备委员会成立。独立战争建立了美利坚合众国，但美国只是一个松散的联邦，联邦政府权力十分有限，不能征税，也不能发钞票。美国设立中央银行可谓一波三折，并不像英国和荷兰那样顺利。1783—1789 年，联邦财政一直入不敷出，联邦政府濒临破产，亚历山大·汉密尔顿临危受命成为华盛顿第一任财政部长。1790 年，他向国会提交议案《关于公共信用的报告》主张效仿英格兰银行建立美国银行（史称美国第一银行），授予该行 20 年特许权发行美元，并由联邦统一国债市场。该议案虽遭到时任国务卿托马斯·杰斐逊及南部诸州的反对，但最终以 39 票赞成 20 票反对通过。美国第一银行的建立催生了美国证券市场。美国第一银行 80% 的股份通过市场发行股票募集，于 1791 年 7 月 4 日上市交易，在几个小时内就被认购一空，股价一路高涨，跟着几乎所有银行股价狂飙。纽约交易所的前身——证券交易联盟①，在美国人狂热的股票投资热中诞生，华尔街逐渐成为人们熟悉的地方。

1811 年，第一银行到期关闭，次年美英战争再次爆发，动荡的政局使金银资本大幅流回欧洲大陆，美元急剧贬值，造成巨大损失，1816 年，美国银行重建（即美国第二银行），特许权期限仍是 20 年。19 世纪 20 年代的运河热、30 年代的铁路热跟早期的银行热一样，为华尔街提供了大量可供交易的有价证券，同时也为美国的运河、铁路建设筹集了巨额资金，华尔街不断壮大。1861—1864 年，美国南北战争爆发，北方银行破产，经济突然衰退，国家根基动摇。为应对战争和经济衰退，1863 年，美国国会通过了《国家银行法》，规定国家有权发行 3 亿美元 "绿背纸币"，这是一种以国家信用为基础的纸币，也被称为主权信贷工具，为战争和经济发展提供资金。货币是证券市场的子弹，货币增发了，华尔街又活跃了。1863 年，纽约交易所挂牌成立，交易量激增，仅次于伦敦交易所，1865 年，纽交所的交易量达到了伦敦的 10 倍，华尔街金融帝国诞生了。到 19 世纪 70 年代，欧洲国家纷纷建立了金本位货币制度，而美国仍坚持金银复本位货币制度，黄金、白银和美元同时作为货币在市场流通，货币非常混乱。银行体系在经济繁荣时过度放贷，经济衰退时过度收缩，加剧了经济的波动。加上 1907 年的危机②，促使美国重建中央银行。1913 年，美国国会通过了关于

---

①1792 年 3 月 21 日，美国一批经纪人在华尔街 68 号的一棵梧桐树下签订协议组成一个有价证券交易联盟，史称梧桐树协议。

②指 1907 年发生在美国的金融危机，由于美国经济衰退，一些纽约的银行收缩流动性，导致储户对银行失去信心，加之美国没有最后贷款人的角色，很多银行和信托公司被挤兑，导致许多银行和企业破产，纽交所指数下跌 50%。

建立联邦储备体系的《联邦储备法》提案。美联储的成立结束了美国货币混乱的历史，也为美国金融和华尔街证券市场的发展提供了法律保障。

第二阶段：争夺阶段，从 1914 年第一次世界大战爆发到 1944 年布雷顿森林体系确立。1914—1917 年的第一次世界大战改变了国际关系格局。曾经最强大的帝国主义国家英国成为债务国，黄金大量外流，英镑大幅贬值。1919 年，英国正式放弃金本位制，英镑的国际货币地位动摇。美国成为债主国和世界上最强盛的国家，国民收入较战前增加一倍，黄金储备占世界的 44%，美元开始问鼎世界货币。但由于国际货币的惯性和荆轮效应，英镑仍是最主要的国际货币，全球 30% 以上的国际贸易仍用英镑结算。英国放弃金本位制以后，法国也放弃金本位制，此时国际货币没有霸主，美元、英镑、法郎各自为阵，各国"以邻为壑"的国际贸易和货币政策造成了世界经济的混乱和萎缩，也埋下了危机的种子。1929—1939 年的世界经济大萧条表明，在世界无政府状态下需要一个领导者（通常是霸权国家）为世界提供国际公共产品[1]。持续的大萧条使信奉法西斯主义的德、意、日等国家希望通过战争和掠夺获得财富，并能统治世界，充当世界霸主。第二次世界大战对美国来说是机遇，对其他参战的双方来说都是噩梦。英、法、俄、中包括德、意、日在内，因为战争消耗了太多的人力、物力、财力，经济衰退，工业体系破坏，债务缠身。而美国则通过向参战国提供军需物资推动国内经济发展，通过向参战国提供贷款推动金融的国际发展。战争加强了世界对美国的依赖，美国的世界领导作用凸显。美国积极利用这些优势布局战后国际关系格局，谋求霸主地位。1944 年，在新罕布尔州布雷顿召开的联合国金融会议，以美国的怀特计划战胜英国的凯恩斯计划为基础，建立了以美元为核心的国际金融体系，即布雷顿森林体系。这是美国凭借优势地位积极争取的结果。这也标志着美国正式获得国际金融主导权地位。

第三阶段：超越阶段，从第二次世界大战结束到牙买加体系形成。第

---

①查尔斯·金德尔伯格在其著作《萧条中的世界，1929—1939》（1971）中率先提出了"稳定论"，认为 20 世纪 30 年代的危机之所以成为世界性的，是因为没有一个国家有能力或意愿承担制止危机的责任，停止"以邻为壑"的政策，特别是充当最后贷款人的角色，这可以阻止金融危机蔓延。

二次世界大战结束后，欧日经济萧条，国库空虚，没有美元外汇进口商品，出现了"美元荒"。美国为扩大国际市场，实施了援助西欧的"马歇尔计划"①，对西欧的经济重建进行贷款，美国成为名副其实的全球最大债权国，加强了西欧对美国的依赖，巩固了美国的霸主地位。但随着欧日经济的快速复苏，其出口能力迅速增强，美元收入不断增加，加之美国在朝鲜战争和越南战争中的巨额开支，国际贸易和财政双赤字规模不断扩大，大量美元和黄金流向国外，又出现了"美元灾"。美元和黄金双双外流，动摇了布雷顿森林体系美元国际货币的黄金基础，削弱了世界对美元的信心，到20世纪60年代末70年代初，美元危机频现。一方面世界集聚的美元越来越多，另一方面美国储备的黄金越来越少，这加剧了人们对美元按固定比价兑换黄金的怀疑和担心。以法国为首的欧洲国家纷纷拿手中的美元去美国兑换黄金，最终美国于1971年单方面宣布停止美元兑换黄金。美元与黄金的固定比价关系消失了，布雷顿森林体系的基础也不存在了，布雷顿森林体系随之瓦解。布雷顿森林体系下的美元本质上是美国以黄金为质押的欠条，美国宣布黄金与美元脱钩实质上是一种赖账。然而离奇的是，美国并没有因此受到惩罚或损失，反而将这种做法通过1976年的《牙买加协定》合法化。这时的国际货币美元完全是以美国信用为基础的主权信贷工具，美联储成了名副其实的世界中央银行，且不受世界干预，这完全超越了英镑和英国享有的国际金融主导权。美国凭此地位实施金融霸权。

3.3 英美运用国际金融主导权的方式比较

英国和美国由于所处的时代背景和时代经济特征不同，国际金融主导权所包含的内容也有所差异，因此运用国际金融主导权的方式及其影响也存在异同。主要体现在以下四个方面。

---

① 马歇尔计划又称欧洲复兴计划，指第二次世界大战结束后美国为帮助西欧国家恢复因战争而濒临崩溃的经济体系，并抵制苏联共产主义势力在欧洲的扩张，而对西欧各国进行经济援助和协助重建的计划，该计划因美国时任国务卿乔治·马歇尔而得名。

3.3.1 国际货币主导权方面的比较

相同点表现在三个方面:(1)英国和美国都以本国货币作为国际货币,本国承担着为国际经济活动提供支付手段和储备货币的职责,但是本国供给国际货币的多寡均不受国际社会的干预;(2)无论是金本位制下的英镑还是布雷顿体系下的美元,都只是以一定数量的黄金作为储备,黄金与货币不是一一对应的,因此两国都通过发行国际货币以获得国际铸币税;(3)虽然金本位制下的英镑和布雷顿森林体系下的美元都有按固定比价兑换黄金的义务,但并不是强制约束的,最后都选择了放弃兑换黄金的承诺。不同点表现在两个方面:(1)英镑放弃金本位制后就失去了英镑国际货币的霸主地位,而被美元替代并超越,而美元放弃了兑换黄金的承诺后,不仅地位未受损反而更加强了;(2)现在的美元发行没有了黄金储备的约束,也就更随心所欲了,由此对国际经济的影响也要远远大于英镑当时的影响,美联储成了实质上的世界中央银行,伯南克的一个"喷嚏"可能会使国际金融市场"感冒"。2008年国际金融危机后,美国的量化宽松货币政策加剧了世界其他国家尤其是新兴国家的通胀压力和资产泡沫,如今美国要退出量化宽松政策又引发新兴国家资产泡沫破灭和资产外流的担忧。

3.3.2 国际金融市场主导权方面的比较

相同点表现在:(1)伦敦和纽约都是英国和美国在各个时期的最大的国际金融市场,都为国际信贷、股票和债券(尤其是国债)等证券交易的国际中心,拥有证券、大宗商品和金银等资产的定价权;(2)伦敦和纽约不仅成为国际融资的中心,也均为本国政府和企业融资带来其他国家无法比拟的优势,这是两国均是市场主导权资本体系的重要原因。不同点表现在:(1)美国拥有更为强大的金融机构,包括投资银行和信用评级机构,这两类机构相互配合,操纵国际金融市场达到牟取暴利或配合国家金融战略的目的,美国的信用评级机构堪称"金融法官",对国际金融危机有推波助澜的作用;(2)美国拥有更为强大的金融创新能力,尤其是在20世纪

90 年代，美国放宽对金融业的限制，强调金融立国战略以后，各种金融衍生品被创新出来，吸引着全世界的资本，次级债券就是其中一种；（3）美国双赤字的增加、政府债务规模的不断提高，使得巨量国债俨然成了新的世界财富标志。这些都是英国伦敦市场所不能比拟的。

3.3.3　国际金融规则主导权方面的比较

相同点表现在：两国都将有利于本国发展的金融制度推广为国际金融规则。英国在本国于 1816 年建立金本位制以后，该制度在随后的半个多世纪里被全世界大多数国家所采纳，建立起了国际金融本位制；美国在第二次世界大战几近结束时，积极布局国际金融格局，安排战后国际金融秩序，为本国谋求最大的利益空间，美国在 1944 年召开了国际金融会议，并通过了反应美国意志的《布雷顿森林协定》，建立了以美元为核心的"双挂钩"的国际金融体系。不同之处在于：（1）美国积极推动有利于本国的国际金融制度，并尽量将之上升为国际规则，使之制度化、合法化，布雷顿森林体系是如此，牙买加体系更是如此；（2）美国积极研究金融理论并在全世界推广，以为本国谋求战略布局和利益诉求服务，但本国不一定真正实施，比如美国积极推广并在拉美和俄罗斯等国实施"华盛顿共识"，而美国对外国资本在国内投资或收购都是有严格限制和审查的，包括很多的政治考量，绝非其宣扬的完全自由化和市场化；再比如布雷顿森林体系，美国从其一建立之后，就没有好好执行过，如果其准备完全兑现美元兑黄金的承诺，就不会肆无忌惮的发行美元，明知不可为而为，只能说明美国就没准备完全兑现承诺。

3.3.4　国际金融机构主导权方面的比较

由于在英国掌握国际金融主导权时期尚没有国际金融机构，英国也就不存在掌握国际金融机构主导权的问题。而国际金融机构是美国谋求战后国际金融布局的产物，是布雷顿森林体系的一部分，因此美国掌握着国际金融机构主导权。美国主要通过人事任免、否决权等方式掌握国际金融机构的主导权。

3.4 英美掌握国际金融主导权的困境比较

美国和英国分别作为霸权国家掌握国际金融主导权，都面临的相同的困境：特里芬"两难"和霸权衰弱。

3.4.1 特里芬"两难"

美国经济学家罗伯特·特里芬 1960 年在其著作《黄金与美元危机——自由兑换的未来》中对布雷顿森林体系中"美元与黄金挂钩，各国货币与美元挂钩"的国际货币制度存在的内在矛盾进行了系统阐述。他认为，这一制度设计中要求同时满足"国际经济清偿力"和"美元币值稳定"是不可能的，是一个悖论。为了满足国际贸易清偿结算和各国储备货币的需要，美国必须大量发行美元，并通过贸易逆差和国际信贷等方式流出美国，赤字必然带来黄金的流失，加上美元超发，美元币值稳定的要求就难以满足；如果为了维持币值稳定，必须逆转贸易逆差，减少美元和黄金外流，但这样世界经济发展需要的国际清偿力又不足，世界陷入通货紧缩。

实际上，不只是布雷顿森林体系下才存在特里芬"两难"，只要是用主权货币作为国际货币，就始终存在这个问题。国际金本位制下的英镑，牙买加体系下的美元都存在这个问题。只是美元面临的问题要比英镑严重得多，在国际金本位制下，英镑和黄金都可以作为国际清偿工具，而且在很多时候，各国是用黄金进行国际结算，这种体制的国际收支自我调节功能可以减少特里芬难题的影响。在国际经济快速发展，黄金增长不能满足其要求，且在第一次世界大战爆发后各国限制黄金输出，不再遵守国际金本位制规则时，危机出现了。现在牙买加体系下的美元，虽然不与黄金挂钩，却仍能保持住其最主要国际货币的地位，是以美国强大的综合实力为信心基础的，一旦美元过度发行累积到一定程度，且美国经济衰退到一定程度或更强大的竞争对手崛起，美元的国际货币地位就有可能重走英镑的旧路。

3.4.2 霸权衰退困境

因为到目前为止，国际金融主导权仍然是由霸权国家所掌握，根据罗伯特·吉尔平的研究，霸权国家会由于不断提供国际公共产品而导致其衰弱。他从三个方面进行了论述：（1）霸权国家赖以存在的压倒一切的经济、科技和军事优势不是一成不变的，市场竞争机制使经济力量和格局不断发生深刻变化，竞争优势也不断从一国流向另一国，新的竞争强国必然挑战旧的霸权国家。（2）霸权国家维护霸权（即提供国际公共产品）的成本与其从中获得的收益逐渐不成比例，甚至成反比，也就是边际收益递减法则。随着霸权国家获得的收益越来越少，支付的成本越来越多，到一定程度无力承担提供国际公共产品的成本，被迫放弃霸主地位。（3）"搭便车"现象的存在。在国际经济政治关系中存在大量搭便车者，它们享受着稳定的国际政治环境和自由的国际经济体系带来的好处，却不愿意为之承担责任，其成本由霸权国家承担，这无疑加重霸权国家的成本，使其收益与成本不成正比，导致霸权衰弱。历史一再证明，霸权国家均未逃脱最终衰弱的宿命。以前的荷兰、英国莫不是如此，现在的美国也将如此。2008年美国次贷危机后的经济衰退，现如今不断提高的国债规模上限，以及2013年10月因财政预算未得到国会批准导致的联邦政府非核心部门关门，都是衰弱的表现。但它毕竟是霸权国家，世界第一强国，要是像希腊等其他国家，遇到这种情况，早已多次爆发债务危机。

3.5 本章小结

本章研究了国际金融主导权形成与转移的历程，比较了英国和美国掌握国际金融主导权的异同。随着国际贸易活动的日益繁荣和世界市场的形成，国际金融活动也日益昌盛，在世界无中央政府和中央银行的情况下，伴随国际金融体系的核心问题——国际货币的发行由谁负责或主导的问题的提出，国际金融主导权随之萌芽产生。国际金融随着国际贸易规模与范围的不断扩大而发展，其内容与形式由早期单纯为国际贸易活动服务的国际汇兑和国际结算，逐步发展到国际投资和国际信用等独立的国际金融活动。国际金融主导权所包含的内容也由早期单一的国际货币主导权逐步拓展到国际金融市场主导权、国际金融机构主导权和国际金融规则主导权四个方面。到目前为止，国际金融主导权先后由荷兰、英国和美国三个霸权国家所掌握。国际金融主导权的形成过程也相应经历了由荷兰掌握的萌芽阶段、由英国掌握的形成阶段和由美国掌握的成熟阶段。荷兰当时的金融影响力主要在欧洲及其殖民地，其实际掌握了欧洲金融主导权。真正掌握国际金融主导权的只有英国和美国。

比较发现，英国和美国获取国际金融主导权的途径和运用国际金融主导权的方式存在差异。英国取代荷兰成为世界霸主，并最终获得国际金融主导权是一个渐进的过程，也是英荷之间直接竞争和博弈（包括 17 世纪50—70 年代经历的三次英荷战争）的结果，更多的是一个自然演进的过程。美国超越并取代英国成为新的世界霸主，掌握国际金融主导权，是自然演进和积极争取的结果。美国除了早期为争取独立与英国发生战争外，未经历像英荷争霸的直接战争。但它们之间的竞争和博弈依然十分激烈，在经历了酝酿、争夺和超越三个阶段之后，最终美国取代英国获得国际金融主导权。

同时，美国和英国分别作为霸权国家掌握国际金融主导权，都面临着相同的困境：特里芬"两难"和霸权衰弱，即由主权国家货币充当国际货币始终存在货币清偿力和流动性充足之间的两难问题，以及霸权国家由于不断向国际社会供给公共产品而导致实力不断衰弱的困境。

国际金融主导权的形成与转移是对国际经济格局变化的反映，具有其内在逻辑。国际金融主导权的形成是世界经济发展的需要；国际金融主导权的转移是世界强国间博弈的结果；对国际金融主导权的认可是世界无政府状态下的公共选择过程。一个国家要掌握国际金融主导权，需要具备强大的综合实力、良好的市场体系、强大的国家机器和坚定的国家意志等国内条件；也需要适合其发展的国际经济格局等国际条件①。

4.1　国际金融主导权形成与转移的内在逻辑

国际金融主导权是在国际贸易的发展、国际金融体系的演化中产生和形成的，是一国或多国在国际金融领域中发挥主导作用，协调处理国际金融事务，维护国际金融秩序所享有的权力。拥有国际金融主导权的国家在国际金融体系中具有占优策略，因此国际金融主导权历来成为世界强国间争夺的重要目标。但是，国际金融主导权的形成、获取与认可有其内在逻辑。

4.1.1　国际金融主导权的形成是世界经济发展的需要

国际金融主导权是随着国际贸易和国际金融的不断发展而产生并最终形成的，是世界经济发展的需要。当西方国家海外扩张，扩大海外贸易时，首先面临的问题就是各国间贸易的计价、结算和支付问题，即国际货币的问题，这也是国际金融主导权的核心问题。在国际贸易发展的初期，规模比较小，贵金属黄金和白银作为一般等价物发展成为国际货币。但

---

①本部分主要内容基于作者已发表论文，原论文载于《武汉金融》2014 年第 2 期。

是，随着西方国家海外殖民地和贸易的急剧扩张，工业革命极大地提高了西方国家的商品生产能力，促使国际贸易迅速发展，黄金不能满足其需要，于是金本位制下的纸币成了黄金替代品。在17、18世纪，英镑在英国殖民地和与英国有贸易的国家广泛使用，随着英国在19世纪成为世界霸主，英镑成了国际货币。在20世纪中叶，经过两次世界大战，美国取代英国成为新的世界霸主，美元成了国际货币。

当国际贸易发展到一定规模，与之相关的国际贸易结算、汇兑、融资等金融活动也日益繁荣，并发展成为独立的国际金融体系，国际金融主导权的其他问题（国际金融市场、国际金融规则和国际金融组织的主导权）也渐渐浮现出来。一是世界经济的发展需要一个或多个国际金融中心，为世界贸易的结算、汇兑、信贷、投资等活动提供机会和场所，国际金融中心所在的国家相应地更容易掌握国际金融市场的主动权或主导权，如荷兰的阿姆斯特丹、英国伦敦和美国纽约。二是国际金融的发展需要建立一个全世界普遍认可并共同遵守的国际金融准则，以形成规范、健康、稳定的金融秩序。例如，18世纪40年代，白银作为货币的价值因白银产量增加而不稳，不利于国际支付，于是黄金白银复本位制产生。但是这种制度使商品价格和交易处于混乱状态，1717年，时任英国皇家铸币局局长的牛顿将黄金价格规定为3英镑17先令10.5便士，1816年，英国通过《金本位制度法案》，随后金本位制度在欧洲及全世界普遍建立，从此英国掌握了国际金本位制的主导权。三是第二次世界大战后，为适应当时复杂的国际金融经济局面，重建战后经济，美国主导成立了IMF和世界银行，建立布雷顿森林体系，掌握了国际金融机构的主导权。

4.1.2 国际金融主导权的转移是世界强国间博弈的结果

国际金融主导权的产生与形成是国际贸易、金融、经济发展的需要，是客观的，但国际金融主导权由哪个或哪几个国家掌握却是世界强国间政治、经济、金融、军事等多方面博弈的结果，具有一定主观性。世界强国间历来围绕国际金融主导权的竞争和博弈十分激烈，甚至为之付诸战争。历史上拥有国际金融主导权的国家荷兰、英国和美国无一不是当时世界上经济、金融、军事等综合实力最强的国家，甚至是世界霸主。17世纪中叶的荷兰建立起全球商业霸权，掌握了全世界2万只船舶的四分之三，有"海上马车夫"之称。18、19世纪的英国是世界工厂，世界头号经济强国，号称"日不落帝国"。20世纪的美国经过两次世界大战，全面超越英国，成为新的世界霸主。

国际金融主导权的获得不是国家经济等综合实力到达一定程度后自然得到的，通常是世界强国间，特别是新老霸主间经过激烈竞争和殊死博弈的结果。荷兰经过80多年反抗西班牙的战争，于1648年建立荷兰共和国，随后取代西班牙成为海上霸主，并掌握欧洲及其殖民地的金融主导权，直到1795年法国的入侵使荷兰帝国崩溃。17世纪中期，英国资产阶级政权建立后，在50—70年代先后与荷兰发生三次战争，才最终战胜荷兰，建立起海权—贸易—殖民的英帝国主义模式，逐步掌握国际金融主导权。美国取代英国掌握国际金融主导权，虽未经过两国间的战争，却在两次世界大战中，英美力量发生了悬殊的反转，这对美国掌握国际金融主导权起到决定性的作用。

可以看出，经济实力是掌握国际金融主导权的基础，是必要条件，但不是充分条件。具有强大的经济实力并不必然拥有国际金融主导权，国际金融主导权的获取是强国间博弈和较量的结果。中国在19世纪20年代以前一直是世界经济大国，经济总量世界第一，但由于中国晚清政府腐败无能、安于现状，不仅未能掌握国际金融主导权等与大国地位相应的一切权利，反而开启了一个多世纪遭受西方列强凌辱的历史。

4.1.3 对国际金融主导权的认可是世界无政府状态下的公共选择过程

国际金融主导权的形成与确定，对世界各国——不论是国际金融主导权的拥有国还是非拥有国来说，是在世界无政府状态①下的公共选择过程。

①这里主要是指国际金融关系的无政府状态，即在非人格化的国际交易中缺少一个世界性的中央政府和单一法律，没有什么"保证"来规范具体行为，也缺乏对具体协议实施的监督机制。参见：殷德生. 权力、相互依赖与国际货币合作——基于国际货币体系史的考察［J］. 世界经济与政治，2011（8）：30-46.

随着国际贸易的发展、国际分工的深化、世界市场和世界体系的形成，各国的经济、文化等各方面的联系越来越紧密。经济交往的需要，尤其是全球化的发展，决定着国家之间在金融政策和行动上总是处于相互依赖的状态。这种相互依赖的状态也使各国间的利益冲突和矛盾变得日益复杂，越来越希望有世界中央政府或中央银行处理国际金融事务，而这需要以各国牺牲主权为前提。但是，各国基于历史、文化、宗教、民族情感等方面的原因，尤其是本国国家利益的考量，对国家主权却越来越重视和强调。因此，要各国放弃国家主权或牺牲本国利益成立具有绝对权威的世界政府几乎不可能，至少目前看不到希望。

相互依赖的国家权利与责任的冲突实际上是交易费用问题，即相互依赖的成本。要降低交易费用需要通过政府权威来界定和法律框架来确立，但国际社会并没有一个"自上而下的中央权威"。国际社会要在无政府状态下达成合作和形成合理秩序，需要一个类似于公共产品的国际金融体系，这个体系不是单边或单个行为主体面临的问题，而是整体或公共利益的问题，即公共利益的选择问题。根据詹姆斯·布坎南的公共选择理论①，在与公众有关的决策中，实际上几乎不存在依据公共利益进行的选择，而只存在各种特殊利益之间的相互制约。国际金融公共利益问题在无政府状态下需要各行为主体通过合作性谈判和选择形成合理的国际金融制度以实现公共利益和个体利益的协调，而这一过程或这个制度体系往往由一个或多个国家发挥主导作用。国际社会对这一个或几个国家的国际金融主导权的认可，实际上就是对国际金融体系的认可，也是公共利益的选择过程。

---

①公共选择理论又称为"新政治经济学"，詹姆斯·布坎南（James Buchanan）是该学派的主要创立者。该理论将经济学中个人间相互交换的概念移植到政治决策领域，视政治过程为一种旨在达到互利的合作手段。参见：［美］詹姆斯·布坎南. 自由、市场与国家［M］. 平新乔，等，译. 上海：上海生活·读书·新知三联书店，1989.

4.2　国际金融主导权形成与转移的国内条件

通过比较荷兰、英国和美国掌握国际金融主导权的历史可以总结出，国际金融主导权的形成与转移，需要掌握国际金融主导权的国家（主导权国）必备三个方面的国内条件：需要强大的经济实力和科技创新能力作为坚实的物质基础、需要良好的信用环境和完善的金融体系作为市场基础、需要强大的国家机器和坚定清晰的国家意志作为信心基础。

4.2.1　物质基础（强大的经济实力和创新能力）

荷兰、英国和美国在其掌握国际金融主导权的历史时期，拥有强大的经济实力，都是当时最强盛的国家，同时也拥有生机勃勃的创新能力，引领时代发展方向。三个国家分别在不同时期的经济实力和创新能力具体情况见表4-1。

表4-1　荷兰、英国和美国在不同时期的经济实力和创新能力

国家	经济实力	创新实力
荷兰（17世纪初—18世纪末）	16世纪末的荷兰，就处于世界经济的领先地位，1700年时，荷兰人均GDP比英国高50%；荷兰还是当时的国际贸易中心，17世纪中叶，荷兰建立起全球商业霸权，荷兰东印度公司掌握1.5万个分支机构分布全球，贸易额占世界贸易总额的一半；荷兰掌握1.5万艘船只，占全世界2万艘船只的四分之三	在科技创新方面，掌握了用风车作为动力抽水防涝和修筑大型堤坝的水利工程技术；改进了造船技术。在金融创新方面，建立了阿姆斯特丹银行，用银行券代替硬币，建立证券交易所。在制度创新方面，股份制公司的建立和股票的发行，是现代企业制度发展的创举；在政治上实行民主共和制，成为第一个进入近代社会的国家

国家	经济实力	创新实力
国际金融主导权：形成与转移 英国（19世纪初—20世纪初）	18世纪的英国，随着工业革命产生的巨大影响，英国变成了世界工厂，在1760—1830年期间，英国占欧洲工业产量增长的三分之二，在19世纪60年代达到了极盛时期，生产了全世界53%的铁、50%的煤，具有相当于全世界潜力40%~60%的现代工业能力；海外贸易的高速增长，使伦敦港成长为世界最大的港口，伦敦在19世纪成为欧洲乃至全球的贸易都会。19世纪60年代，英国占国际贸易总额的25%以上，英国也成为世界主导经济体	在科技创新方面，纺织机械和蒸汽机的发明和应用掀起了人类史上的第一次工业革命。在金融创新方面，17世纪末开始的金融革命建立了现代政府财政体系；建立了世界上第一个具有现代意义的中央银行——英格兰银行；创立了金本位制。在制度创新方面，英国最大的创新莫过于在政治上建立了君主立宪制的责任内阁制度，在世界上第一个打破了专制王权，成为现代政府制度的创立者，为英国资本主义市场经济的发展提供了制度保障
美国（20世纪中期至今）	1929年，美国制造业占世界总量的43.3%，比苏、英、德、法、日、意六国的份额还多；1940—1944年间，美国工业以每年超过15%的速度增长，美国制造业占世界50%以上，美国成为世界最大的出口国，储备了世界黄金总量330亿美元的三分之二，美国造船总吨位占世界的一半，至此，美国成为世界经济霸主。自20世纪70年代以来，美国各种大小危机频发，经济有所衰退，但美国至今仍是世界第一大经济体，世界经济的主要引擎之一，对世界经济发展起着举足轻重的作用	在科技创新方面，美国引领了以通讯和信息技术为主要内容的第三次科技革命，以及新能源新材料和生物技术等新的科技革命。在金融创新方面，美国是第一个使用主权信贷工具的国家；创新了许多金融工具，如大额定期可转让存单、金融资产期权和资产期货、可转让债券、货币市场互助基金等。当今金融领域的主要创新都是由美国完成的。在制度创新方面，从1935年美国通过《社会保障法》开始，逐步建立起国家干预市场的宏观调控制度，以纠正市场失灵，防范金融经济危机的发生

注：内容根据相关资料整理，相关数据来源于《大国的兴衰》（［美］保罗肯尼迪，1987）。

4.2.2 市场基础（良好的信用环境和完善的金融体系）

荷兰、英国和美国在分别掌握国际金融主导权的时期相对于其他国家具有良好的信用环境和比较完善的金融体系，这也是发展国际金融、提供信用保障的市场基础。

荷兰是一个以商业发展为基础的国家，信用环境和信用体系是商业发展的关键，荷兰自联合省成立起，在随后的一个多世纪中逐步形成了以汇兑、信贷和证券交易为重要内容的金融体系。（1）以政府信用为"银行票据"担保。1609 年成立的阿姆斯特丹银行吸收金属货币存款时，先对其称量和检验，后据此发行"银行票据"，并且由政府的财政信用为其"银行票据"进行担保，使这种票据的价值得到保证。（2）无论和平或战争时期，均不限制金属货币的进出口，也不限制银行的金融业务。在把贵金属货币作为主要财富的重商主义盛行的 17、18 世纪，各国尽量限制贵金属流向国外，而荷兰却不加限制，金银可以自由流入和流出。甚至在战争时期，荷兰的银行家们仍然可以为与荷兰交战的法国、西班牙等政府或皇室贷款资助其军费开支。（3）荷兰人有"重信用"的特质或者说民族特性。以"信托责任"为特点的企业组织形式——股份制在荷兰首先产生，正是荷兰人重信用的重要表现。巴伦支船长带领船员载着委托人的货物在北冰洋被冻 8 个月，7 人冻死饿死也不动用船上货物，并最终完成委托责任。这是一种视"信用重于生命"的精神。（4）荷兰的金融体系既有正规的银行证券机构构成金融市场的主体，也有众多的成功商人发挥着金融中介的角色。他们充当着世界各地在阿姆斯特丹的代理人，也充当着阿姆斯特丹在世界各地的代理人。在这里，德国犹太人主要从事黄金、白银、贵金属交易，葡萄牙犹太人是证券专家。

英国自 1688 年光荣革命后，金融迅速发展，信用环境极大地改善，逐步形成了比较完善的金融体系。（1）形成了以中央银行、城市私人银行和地方银行为主体的银行网络。1694 年成立的英格兰银行既贷款给政府，也吸收存款发放贷款，经营票据，并享有签发不需要背书即可以转让的银行券的垄断权，英格兰银行券有很高的信用，得到各界认同，英格兰银行实

第 4 章
国际金融主导权形成与转移的逻辑与条件

际上扮演了中央银行的角色。伦敦还存在大量的私人银行，这些银行一般由金匠铺演变而来。金匠们最早为客户保管储存金银货币并开出收据，由于客户不会同时来取金银，逐步发展到后来为客户发放贷款，演变成为私人银行。除了伦敦外，其他地方城市的一些商人也在 18 世纪开始从事银行业务，吸收存款、发放贷款和经营票据。（2）建立了国债制度。光荣革命后，英国因为长期的对外战争，军费耗资巨大，国库空虚，由于英国征税权控制在议会，开征新的税种实属不易，发行国债成为不二选择。英国国债分为短期国债和长期国债两种，在 18 世纪以前以短期国债为主。短期国债包括符木借款①和短期国库券。此外还有海军券、陆军券等形式。短期借款一般利息高、风险大，但集资比较快。长期国债利息低、还款时间长，同时由英格兰银行作付款保障，且可以自由流通，有升值潜力，很受机构和大众投资者欢迎。

美国自 20 世纪初以来逐步形成了全球最大最完善的金融体系。（1）建立了由联邦储备委员会、联邦储备银行和联邦公开市场委员会组成的独特的联邦储备体系，它是 1913 年根据《联邦储备法》成立的，并负责中央银行的职责。联邦储备委员会主要履行决定货币政策的职能，联邦公开市场委员会负责执行公开市场操作，联邦储备银行负责货币发行等职能。这种特殊的中央银行制度设计可以保证其独立性，增加国家金融系统的灵活性和实力。（2）美国有众多金融机构组成的巨大而复杂的金融市场体系，包括资金市场、货币市场、外汇市场、贵金属市场。市场主体由各类金融机构组成，包括商业银行、信用合作社等银行类金融机构、保险公司、证券公司、投资银行、共同基金、融资租赁公司等非银行类金融机构，分别从事资金借贷、汇兑、结算、外汇、黄金、证券等业务。（3）信贷消费模式提供了巨大的金融需求市场。美国的储蓄率极低，近几年来几乎在 1%左右，无论是政府还是老百姓都习惯于信贷消费方式。美国是世界上最大的债务国，为证券市场提供了规模巨大的国债，出于国债的收益性和对强大美国的信任和信心，国债成为国际财富标志被外国政府和投资者购买。

---

①符木是一种榛木签，上面刻有财政部收取或赊欠数额的标记，再把木签对分，由财政部和债权人各执一半。兑现时，两半符木必须相吻合，然后一起焚毁。

美国民众在日常生活中也习惯于借钱消费、超前消费，这都为金融市场带来巨大业务。当然这也是美国成熟的信用体系的表现。

4.2.3 信心基础（强大的国家机器和坚定的国家意志）

荷兰、英国和美国能成为不同时期的世界经济强国，掌握国际金融主导权，除了以上分析的掌握坚实的经济优势、具备领先的创新能力和信用体系外，以强大的军事后盾为基础的国家机器所保障的安定自由的国内环境也是其掌握国际金融主导权的重要因素。荷兰的崛起正是源于荷兰共和国的成立为欧洲各国的金融、技术人才和商人涌入荷兰，欧洲大部分资金流入荷兰创造了安定自由的国内环境，其衰落也源于法国军队进入荷兰，安定的国内环境被破坏。英国和美国的崛起与其强大的军事力量密切相关，强大的军力为其创造安定的国内环境提供了保障。尤其是美国，其强大的军事力量也是美国梦和美国信心的重要保障，也是为可靠的财富标志——美元和国债提供信用保证的重要基础。

此外，一国要掌握国际金融主导权，还需要有坚定清晰的国家意志与正确的国家战略。国际金融主导权的获取与掌握不是一个国家实力增长到一定程度后的自然结果，而是该国不断争取，并参与国际博弈的结果。这既需要该国政府具有争取国际金融主导权的坚定而清晰的意志，也需要制定并实施正确的国家战略。历史上，德国自19世纪末，与美国一道迅速崛起为世界强国，德国表现出了争取包括国际金融主导权在内的世界主导权乃至霸权的坚强意志，但是其通过战争征服的战略，并未实现其战略目标。而美国虽早已超越英国成为世界第一经济强国，但并未急于争夺国际金融主导权，而是采用等待战略，第二次世界大战爆发后迅速抓住此良机，坚定地实施了在第二次世界大战后掌握国际金融主导权的战略，建立了以美国和美元为中心的布雷顿森林体系。

4.3　国际金融主导权形成与转移的国际条件

　　国际金融主导权的形成与转移，既需要国际金融主导权国具备三个方面的国内条件，也需要一定的国际条件。国际金融主导权的形成，是世界市场的形成和全球化发展到一定程度的结果。而国际金融主导权在大国间的转移是大国间实力消长以至于世界格局产生变化的结果。

4.3.1　世界市场的形成

　　国际金融主导权的形成是世界经济发展的需要，世界市场形成和全球化发展到一定程度的结果。随着资本主义生产关系发展到一定程度，生产力迅速提高，国内市场不能满足其商品交换的需要，扩展国际市场成为资本主义国家的首要目标。当欧洲众多资本主义国家跨越国界，争夺海外市场，贸易中心也从地中海向大西洋海岸转移，随之扩散至全世界，逐步形成世界贸易。随着贸易规模的不断扩大、参与的国家数量的不断增多，世界市场逐步形成，国际结算、汇兑、投资等金融活动也迅速发展起来。为了促进国际贸易、金融的健康发展，形成健康有序的国际市场体系，需要供给国际金融经济公共产品，如国际贸易、金融、结算等方面的规则。在世界无政府状态下，由谁供给国际金融经济公共产品成为关键，是一个难题。历史上，国际金融经济公共产品由荷兰、英国和美国等世界经济强国进行提供，于是这些国家在主导国际金融事务、供给国际金融公共产品、维护国际金融秩序的过程中，掌握了国际金融主导权。随着全球化的进一步发展，世界各国间的相互依赖度越高，国际金融公共产品越来越重要。在世界无政府状态下，国际金融主导权也越来越重要。可以看出，世界市场的形成和全球化的深化是国际金融主导权形成的重要国际基础。

4.3.2　世界格局的变化

从国际金融主导权在荷兰、英国和美国间的转移可以看出，国际金融主导权在大国间的转移是世界格局变化的结果。

国际金融主导权的第一次转移发生在英国和荷兰之间，是资本主义体系格局的第一次转变的结果。当贸易中心从地中海转向大西洋海岸时，荷兰的阿姆斯特丹成为新的国际贸易都会，荷兰成为当时的贸易中心和海上霸主，拥有世界最强大的海军，掌握着制海权。但随着英国海外贸易的高速增长，1780—1784 年英荷海战，英国战胜荷兰取得了制海权，1806 年拿破仑的法国军队占领荷兰，使荷兰与英国角色完全逆转。英国取代荷兰成为欧洲乃至世界的贸易中心和金融中心，英国建立了"殖民—贸易—海权"的国际贸易体系。此后爆发的工业革命，更是巩固了英国国际贸易和金融的霸主地位，并帮助其成为一个无可匹敌的"日不落帝国"。

国际金融主导权的第二次转移发生在美国与英国之间，这是经历两次世界大战后，世界格局变化的结果。第一次世界大战前的世界格局是以欧洲为中心的资本主义殖民体系。但随着西方国家对殖民地的争夺，资本主义国家之间的竞争十分激烈，最终导致了第一次世界大战的爆发。第一次世界大战结束后，德国战败，美国加入战胜国阵营，并形成了凡尔赛—华盛顿体系，美国在国际社会的地位得到提升。随后在 20 世纪 20 年代末爆发了世界资本主义经济大危机，导致了资本主义世界长达 10 年的大萧条。1939 年爆发了第二次世界大战，德、意、日最终战败，英、法等老牌资本主义国家的经济几近崩溃，实力大减，英国昔日的帝国风光不再。美国成为唯一的赢家，与社会主义大国苏联共同布局战后政治经济格局，形成了以雅尔塔体系为核心的世界格局。美国为争夺国际金融主导权，布局战后国际金融经济格局，主导并建立了以美国和美元为核心的布雷顿森林体系，取代英国掌握了国际金融主导权。

4.4 本章小结

本章分析了国际金融主导权形成与转移的内在逻辑，以及一国要争取与掌握国际金融主导权所需要具备的国际、国内条件。国际金融主导权是随着国际贸易和国际金融的不断发展而产生并最终形成的，是国际贸易、金融、经济发展的需要，是客观的；但国际金融主导权由哪个或哪几个国家掌握却是世界强国间政治、经济、金融、军事等多方面博弈的结果，具有一定主观性。国际社会对国际金融主导权的认可是世界无政府状态下的公共选择过程。

国际金融主导权的形成与转移，需要掌握国际金融主导权的国家（主导权国）具备三个方面的国内条件：需要强大的经济实力和科技创新能力作为坚实的物质基础，需要良好的信用环境和完善的金融体系作为市场基础，需要强大的国家机器和坚定清晰的国家意志作为信心基础；同时需要世界市场形成与世界格局变化两方面的国际条件。

第5章

国际金融主导权形成与转移的国际博弈

国际金融主导权的形成与转移既是世界经济发展的需要，也是国际经济格局变化下相互博弈的结果。围绕国际金融主导权的国际博弈，既包括大国与大国之间的博弈，也包括大国与小国之间的博弈。大国与小国之间属于典型的智猪博弈，由于小国实力有限并对国际金融公共品的需求也有限，因而其等待大国供应国际金融公共产品，不去争夺国际金融主导权成为其占优策略。大国之间的博弈最为激烈，随着国际经济格局的变化，大国之间的博弈类型也发生变化。第一次世界大战后，英国的霸主地位动摇，新兴霸主美国没有做好准备，导致国际金融主导权缺失，大国间陷入囚徒困境；第二次世界大战后，为避免再次陷入囚徒困境，构建了布雷顿森林体系，大国间形成了契约博弈；随着 20 世纪 70 年代，布雷顿森林体系的崩溃，美元及美国在国际金融体系中的地位没有改变，反而减少了约束，大国间的博弈演变成了美国金融霸权[①]。

5.1 大小国间国际金融主导权的智猪博弈

在当今国际经济一体化深化发展，各国经济的依赖度越来越高的全球化大潮下，无论大国小国都不能独立于世界经济之外，都必须紧密的依赖世界经济而发展。在世界无政府状态下，国际公共产品（包括国际金融公共产品）的供给由主权国提供，到底由谁提供或供给多少成为影响当今世界经济发展的集体行动逻辑[②]。下面通过构建大国与小国博弈模型，找出

①本部分主要内容基于作者已发表论文，原论文载于《广义虚拟经济研究》2016 年第 4 期。
②公共产品的供给问题是一个公共选择问题，一个非市场的问题，美国经济学家曼瑟尔·奥尔森（Mancur Olson）撰写的《集体行动的逻辑：公共利益和团体理论》（1965）成为公共选择理论的奠基之作。

其纳什均衡解，分析博弈类型和大国与小国的战略选择问题。

5.1.1　大小国博弈模型

世界各国从体量上看，可以简单的分为大国与小国（或强国与弱国）两类。设想只有大国和小国构成的世界，在这个世界里存在涉及两类国家共同利益的国际金融公共产品供给问题，国际金融公共产品供给越充分，所有国家都受益，但由于收益和成本在两类国家之间的巨大差异，公共产品供给存在大国与小国之间的博弈。假定这个博弈满足以下条件：

（1）大国与小国为该博弈的两类参与方，并且双方都是完全理性的，即双方的行为选择（决策）都以追求本国利益（效用）最大化为目标；而且双方对对方的行为选择和效用函数等信息都是知道的，即该博弈是完全信息下的两方博弈。

（2）大国与小国双方采用的行为策略包括供给国际金融公共产品和不供给国际金融公共产品两种，总共构成四种策略组合（供给，供给）、（供给，不供给）、（不供给，供给）、（不供给，不供给），见表5-1。

表5-1　大国与小国间国际金融公共产品供给博弈

小国	（供给，供给）	（供给，不供给）
大国	（不供给，供给）	（不供给，不供给）

设第 i 个国家对国际金融公共产品的贡献为 g_i，（ $i = 1，2，\cdots n$ ），总供给 $G = \sum_{i=1}^{n} g_i$ 。假定第 i 个国家的效用函数为 $u_i(x_i，G)$ ，其中 x_i 为第 i 个国家国内金融公共产品。并假定 $(\partial u_i)/(\partial x_i) > 0，(\partial u_i)/(\partial G) > 0$ ，且国内金融公共产品与国际金融公共产品之间的边际替代率是递减的。每个国家都面临着在给定其他国家的选择的情况下，选择自己的最优战略。国家作为理性的集体组织，应以其效用最大化为选择自己行动的依据。

于是有第 i 个国家效用最大化的目标函数为：

$$\max u_i(x_i，G) \tag{5-1}$$

$$s.t.\ M_i = p_x x_i + p_G g_i \tag{5-2}$$

其中 p_x 为国内金融公共产品供给的价格，p_G 为国际金融公共产品供给的价格（这里假定每个国家供给国际、国内金融公共产品的价格或成本是一样的），M_i 为第 i 个国家提供金融公共产品的总财政预算支出。

接下来就是要第 i 个国家上述目标函数的最优解，找到自己的最优战略。

5.1.2　博弈模型的均衡解

通过上述式（5-1）和式（5-2）的目标函数和约束条件，构建拉格朗日函数：

$$L_i = u_i(x_i, \ G) + \lambda(M_i - p_x x_i - p_G g_i) \tag{5-3}$$

其中，λ 为拉格朗日乘数。

拉格朗日函数最优的条件是其一阶偏导数等于零，即

$$\frac{\partial u_i}{\partial G} - \lambda p_G = 0 \tag{5-4}$$

$$\frac{\partial u_i}{\partial x_i} - \lambda p_x = 0 \tag{5-5}$$

因此，

$$\frac{\partial u_i/\partial G}{\partial u_i/\partial x_i} = \frac{p_G}{p_x} \tag{5-6}$$

这是消费者理论中，消费者在既定收入下实现效用最大化的均衡条件[1]。假定每个国家购买国际金融公共产品如同私人物品一样，且其他国家的选择给定。那么两个均衡条件每个国家自己的最优选择战略，决定了国际金融公共产品自愿供给的纳什均衡[2]：$g^* = (g_1^*, \ \cdots g_i^*, \ \cdots, \ g_n^*)$，$G^* = \sum_{i=1}^{n} g_i^*$。

---

[1] 在收入和价格一定的条件下，消费者购买各种物品使其总效用达到极大值或者得到最大的满足的必要条件是：消费者所购买的各种物品的边际替代率等于它们的价格之比。参见：斯蒂格利茨，等. 经济学（上）[M]. 4版. 北京：人民大学出版社，2006：99-118.

[2] 假定有 n 个人参与博弈，给定其他人战略的条件下，每个人选择自己的最优战略（个人最优战略可能依赖也可能不依赖其他人的战略），所有参与人选择的战略一起构成一个战略组合，就是纳什均衡。也就是说，纳什均衡是由所有参与人的最优战略组成的。

上面是从每个国家效用最优化角度考察均衡条件，下面从国际社会总体福利的角度考察帕累托最优解。假定国际社会福利函数如下：

$$W = \sum_{i=1}^{n} \gamma_i u_i, \quad \gamma_i \geq 0 \tag{5-7}$$

总预算约束为：

$$\sum_{1}^{n} M_i = p_x \sum_{1}^{n} x_i + p_G G \tag{5-8}$$

于是构建拉格朗日函数：

$$L = \sum_{i=1}^{n} \gamma_i u_i + \lambda \left(\sum_{1}^{n} M_i - p_x \sum_{1}^{n} x_i - p_G G \right) \tag{5-9}$$

其中，λ 为拉格朗日乘数。

帕累托最优的一阶条件是：

$$\sum_{1}^{n} \gamma_i \frac{\partial u_i}{\partial G} - \lambda p_G = 0 \tag{5-10}$$

$$\gamma_i \frac{\partial u_i}{\partial x_i} - \lambda p_x = 0, \quad i = 1, 2 \tag{5-11}$$

通过上面式（5-10）和式（5-11）可以消除 γ_i，得到均衡条件：

$$\sum \frac{\partial u_i / \partial G}{\partial u_i / \partial x_i} = \frac{p_G}{p_x} \tag{5-12}$$

这就是所谓的存在公共物品情况下，帕累托最优的萨缪尔森条件。消费者理论的均衡条件要求每个消费者的最优选择导致个人边际替代率等于价格比率，帕累托最优要求所有消费者的边际替代率之和等于价格之比。因此，国际社会总福利函数的帕累托均衡条件可以重新写为：

$$\frac{\partial u_j / \partial G}{\partial u_j / \partial x_j} = \frac{p_G}{p_x} - \sum_{i \neq j} \frac{\partial u_i / \partial G}{\partial u_i / \partial x_i} \tag{5-13}$$

这也表明，帕累托最优的国际金融公共产品供给大于纳什均衡条件的国际金融公共产品供给。也就是说，各国通过博弈选择自己最优的选择而导致的国际金融公共产品供给没有达到帕累托最优条件下的供给水平，即国际金融公共产品在各国自愿供给的情况下是供给不足的。为了更进一步说明这个问题，在此假定第 i 个国家的效用函数采用柯布—道格拉斯形式，即

$$u_i(x_i,\ G) = x_i^\alpha\ G^\beta \qquad\qquad (5-14)$$

其中,$0 < \alpha < 1$,$0 < \beta < 1$,$\alpha + \beta \leq 1$

在此假设条件下,每个国家最优的均衡条件为:

$$\frac{\beta x_i^\alpha\ G^{\beta-1}}{\alpha\ x_i^{\alpha-1}\ G^\beta} = \frac{p_G}{p_x} \qquad\qquad (5-15)$$

将预算约束条件式(5-8)代入式(5-15),可得反应函数[①]:

$$g_i^* = R_i(\sum_{j\neq i} g_j) = \frac{\beta}{\alpha+\beta}\frac{M_i}{p_G} - \frac{\alpha}{\alpha+\beta}\sum_{j\neq i} g_j,$$

$$i = 1,\ 2,\ \cdots,\ n \qquad\qquad (5-16)$$

该反应函数表明,一个国家相信其他国家供给的国际金融公共产品越多,该国本身的供给就越少。假定只有两个国家,一个大国($i = 1$)和一个小国($i = 2$),即 $n = 2$。那么,两个国家的反应函数分别为:

$$g_1^* = R_1(g_2) = \frac{\beta}{\alpha+\beta}\frac{M_1}{p_G} - \frac{\alpha}{\alpha+\beta}g_2 \qquad\qquad (5-17)$$

$$g_2^* = R_2(g_1) = \frac{\beta}{\alpha+\beta}\frac{M_2}{p_G} - \frac{\alpha}{\alpha+\beta}g_1 \qquad\qquad (5-18)$$

可以通过几何图形画出两条反应曲线,两条曲线的交点 N 点就是纳什均衡(g_1^*,g_2^*)(见图5-1)。

由于是大国与小国之间的博弈,那么两国的预算支出水平肯定不相等,现假设大国1的预算是小国2的预算的10倍,即 $M_1 = 10m$,$M_2 = m$,且 $\alpha \geq \beta$,并代入由式(5-17)和式(5-18)组成的联立方程组,可得:

$$g_1^* = \frac{9\alpha + 10\beta}{2\alpha + \beta}\frac{m}{p_G} \qquad\qquad (5-19)$$

$$g_2^* = \frac{\beta - 9\alpha}{2\alpha + \beta}\frac{m}{p_G} \qquad\qquad (5-20)$$

因为假定 $\alpha \geq \beta$,那么 $g_2^* = \frac{\beta - 9\alpha}{2\alpha + \beta}\frac{m}{p_G} < 0$,这意味着小国不仅不供给

[①]反应函数意味着参与博弈的一方的最优战略(支付成本或效用)是另一方支付成本或效用的函数,即一方的最优战略随另一方的变化而变化。参见:张维迎. 博弈论与信息经济学 [M].
上海:上海人民出版社,2012:43.

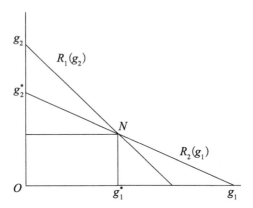

图 5-1　国际金融公共产品供给博弈的两国模型的纳什均衡

国际金融公共产品，还有可能捣乱（负供给，这里不考虑这种情况），即小国 2 的供给水平为 0，因此可得纳什均衡为：

$$(g_1^*,\ g_2^*) = \left(\frac{9\alpha + 10\beta}{2\alpha + \beta}\frac{m}{p_G},\ 0\right) \tag{5-21}$$

　　这表明大国与小国关于国际金融公共产品供给博弈的纳什均衡是（供给，不供给），即大国供给国际金融公共产品，小国不供给，并采用"搭便车"策略分享大国供给的国际金融公共产品，这是一种典型的智猪博弈①。由大国和小国组成的相互依赖的国际金融领域，涉及共同利益的国际金融公共产品供给问题，小国由于自身实力的限制，加之对国际金融公共产品需求比大国要小的多，小国没有能力和意愿供给国际金融公共产品，也不争取相关的国际金融主导权；大国由于对国际市场的依赖更大，与小国相比别无选择，只能供给国际金融公共产品。供给国际金融公共产品的大国掌握着国际金融主导权，而小国不供给国际金融公共产品，则无缘国际金融主导权。这也是在当今事关国际金融体系改革、国际金融主导

---

　　①猪圈里有两头猪，一头大猪和一头小猪。猪圈的一头有一个食槽，另一头安装一个按钮，控制着猪食的供应。按一下按钮会有 10 个单位的猪食，但谁按按钮就需要支付 2 个单位的成本。若大猪先到，大猪吃 9 个单位，小猪吃 1 个单位；若同时到，大猪吃 7 个单位，小猪吃 3 个单位；，若小猪先到，大猪吃 6 个单位，小猪吃 4 个单位。如果大猪按按钮，小猪选择按或等待，则其支付水平为（5，1）、（4，4），若大猪等待，小猪按或等待，则其支付水平为（9，-1）、（0，0）。可以看出，无论大猪选择按或等待，小猪的最优选择是等待。这就是"智猪博弈"，参见：张维迎. 博弈论与信息经济学［M］. 上海：上海人民出版社，2012：10.

权争夺的国际场合听到更多的大国或大国集团的声音的缘故。

5.1.3 影响博弈均衡的因素

1. 参与博弈的国家数量

上节分析表明国际金融公共产品的纳什均衡供给小于帕累托最优供给，即每个国家的最优选择，并不能造成集体利益（公共利益）的最优结果。那么影响二者差距的主要因素是什么？下面通过式（5-16）反应函数继续分析。现假定所有国家有相同的预算支出水平，则均衡情况下所有国家提供相同的国际金融公共产品，每个国家的纳什均衡为：

$$g_i^* = \frac{\beta}{n\alpha + \beta} \frac{M}{p_G}, \quad i = 1, 2, \cdots, n \qquad (5\text{-}22)$$

则纳什均衡的总供为：

$$G^* = ng_i^* = \frac{\beta}{n\alpha + \beta} \frac{nM}{p_G} \qquad (5\text{-}23)$$

在所有国家具有相同的预算水平的假设下，帕累托最优的一阶条件为：

$$n \frac{\beta x_i^\alpha \, G^{\beta-1}}{\alpha \, x_i^{\alpha-1} \, G^\beta} = \frac{p_G}{p_x} \qquad (5\text{-}24)$$

将预算约束代入，得到每个国家的帕累托最优供给为：

$$g_i^{**} = \frac{\beta}{\alpha + \beta} \frac{M}{p_G} \qquad (5\text{-}25)$$

则帕累托最优的总供给为：

$$G^{**} = \frac{n\beta}{\alpha + \beta} \frac{M}{p_G} \qquad (5\text{-}26)$$

纳什均衡总供给与帕累托最优总供给之比为：

$$\frac{G^*}{G^{**}} = \frac{\alpha + \beta}{n\alpha + \beta} < 1 \qquad (5\text{-}27)$$

这与式（5-13）的结果一样，表明国际金融公共产品的纳什均衡供给小于帕累托最优供给，并且二者的差距随着参与博弈的国家数量的增加而扩大。国际经济越发达，各国间的依赖程度就越高，各国对国际金融公共产品的需求就越大，在世界无政府状态下，由于激励机制的欠缺，由主权国家提供公共产品的意愿不足，造成了国际经济一体化程度越高，国际公共产品越不足。这也成为掌握国际金融主导权的国家所面临的困境之一。在边际收益递减法则的作用下，主导权国供给国际公共产品。

2. 对国际金融公共产品的需求程度

如果一个国家对国际经济的依赖程度越大，其对国际金融公共产品的需求就越大，这个国家愿意为其支付的水平就越高，这样有助于提高国际金融公共产品的供给水平。反之，一个国家对国际经济的依赖程度越低，其对国际金融公共产品的需求就越小，这个国家愿意为其支付的水平就越低。假如，效用函数仍采用柯布—道格拉斯形式，即 $u_i(x_i, G) = x_i^\alpha G^\beta$，$\alpha$ 和 β 分别表示第 i 个国家对国内金融公共产品和国际金融公共产品的需求程度。β 相对于 α 的比率越大，对国际金融公共产品需求大于国内金融公共产品的差距越大，对国际金融公共产品的支付水平就越高，供给不足就越小；当 α 趋向于零时，纳什均衡供给趋向于帕累托最优水平，见式（5-27）。

5.2 "一战"后国际金融主导权缺位的囚徒困境

国际金融主导权历来掌握在大国主要是在霸权国家手里，小国成为"搭便车"者，因此针对国际金融主导权的博弈主要发生在大国之间，如果大国都选择自己的占优战略而不顾国际社会的公共利益，则大国间陷入典型的囚徒困境，这样不能达到国际社会公共利益的最优，要破解囚徒困境，需要有第三方的介入或达成契约，形成契约博弈。在此，以第一次世界大战后国际金本位制崩溃、国际金融体系混乱情况下的大国间国际金融贸易政策博弈为例，分析因国际金融主导权缺位导致大国间博弈的囚徒困境。

5.2.1 "一战"后的国际金融体系

第一次世界大战后，英国作为曾经最强大的帝国主义国家，国际金融主导权拥有国，国际金本位制的创立者，经济受到重创，黄金大幅外流，英镑严重贬值，1919年3月正式放弃金本位制，随后法国、意大利等欧洲国家纷纷放弃金本位制。整个世界，只有美国仍然坚持金本位制。1922年，在热那亚召开的国际金融会议要求与会国实行以金本位为基础的金汇兑体制。1925、1928年，英国法国先后宣布实行金汇兑体制，但只有达到一定数量后才能使用英镑兑换黄金。

这是一个蹩脚的国际金融体系。虽然英镑仍然是最主要的国际货币，但是英国经济大伤元气，已远落后于美国，且英国只有世界黄金储备的9%。美国虽然已是第一世界经济大国，但美元还不是第一世界货币，纽约与伦敦之间的资金清算很难执行。协约国偿还美国的战争贷款的前提是德国支付战争赔款，而德国战争赔款的资金来源于美国贷款，而美元不是世界货币。这本质上是一个国际金融主导权缺位的时期。

这样混乱的国际金融体系，导致各国面临着国际金融贸易政策的两难困境。由于原来金本位制下的固定汇率体系被打破，各国纷纷增加货币供应，使本国货币贬值，增强本国产品出口的竞争能力，扩大出口，促进经济增长。但是当所有国家都实行贬值政策时，贬值扩大出口的效应就会消失，并且带来通货膨胀的严重后果。

5.2.2 "一战"后大国间博弈的囚徒困境

在国际金融体系混乱，国际金融惯例被打破，以及没有形成有强制约束力的国际金融规则的情况下，各国均以本国利益最大化为战略选择的行为准则。但是当所有参与博弈的国家均只顾本国利益而置国际公共利益或国际社会福利于不顾时，导致的结果是所有国家的本国利益均受损。本部分以第一次世界大战后大国间纷纷以货币贬值增加出口的金融贸易政策选择，构建一个两人完全信息静态博弈模型分析大国间战略选择的囚徒困境。

1. 完全信息静态博弈

假定有两个参与人大国A和大国B，每个国家都知道对方可能的战略选择和支付函数，每个国家在行动前均不知道对方的战略选择，两个国家的行动没有先后顺序。参与国际金融经济博弈的两个国家，在国际金本位制体系崩溃后面临两个选择：本国货币贬值和不贬值。这样两个国家的战略选择构成四个战略组合：（贬值，贬值）、（贬值，不贬值）、（不贬值，贬值）、（不贬值，不贬值）。

如果两国都实行货币贬值政策，不仅扩大出口的效应消失，而且引发通货膨胀，每个国家获得负收益 $a(a<0)$ 个单位；两国都不实行货币贬值政策，既不会增加出口，也不会因此引发通货膨胀，每个国家的收益为0；如果一个国家实施贬值政策，另一国不实行贬值政策，则实施贬值政策的国家通过货币贬值扩大了出口，获得正收益 $b(b>0)$ 个单位，另一个不实行货币贬值政策的国家因出口产品相对价格上升导致出口减少，获得负收益 $c(c<0，c<a)$ 个单位，其收益矩阵如下（见表5-2）。

国际金融主导权：

形成与转移

表5-2　大国博弈囚徒困境的收益矩阵

		大国B	
		贬值	不贬值
大国A	贬值	(a, a)	(b, c)
	不贬值	(c, b)	(0, 0)

2. 博弈模型的纳什均衡解

在大国B选择贬值策略的情况下，大国A选择贬值策略，因为贬值策略比不贬值策略的损失要小（因为 $c<a，a<0，c<0$，所以 $|c|>|a|$）；在大国B选择不贬值策略的情况下，大国A应选择贬值策略，因为选择贬值策略可以获得比不贬值策略更多的收益（因为 $b>0，c<0$，所以 $b>c$）。这意味着贬值策略是大国A的占优策略，即无论大国B选择贬值或不贬值策略，大国A选择贬值策略都是其最优选择。同理，贬值策略也是大国B的占优策略。（贬值，贬值）策略组合是大国A和B的占优策略组合，这是大国A和B完全信息下静态博弈的纳什均衡。假设 $a=-2，b=2，c=-4$，则国际货币政策博弈的囚徒困境能更清楚地被反应，如图5-2所示。

这是一个典型的囚徒困境①，因为每个参与人的最优选择作为其理性选择的结果，却不是集体理性的最优结果。因为每个国家都选择占优战略的结果是，都得不到额外收益，反而造成通货膨胀的严重后果。从集体理性的角度考虑，两国都应选择不贬值战略。

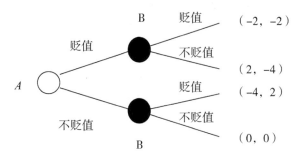

图 5-2　国际货币政策博弈

3. "一战"后大国间囚徒困境博弈的后果

在每个国家以本国利益最大化为目标的情况下，进行战略选择的结果是两败俱伤，都得到了负的收益。对两个国家共同利益最好的结果应该是都选择不贬值战略，这样就都不会有额外收益，也不会有损失。第一次世界大战后由于国际金本位制崩溃，国际金融惯例被破坏，有约束力的国际金融规则和契约没有形成。加之第一次世界大战使世界各国原有的信任关系被破坏，每一个国家都不相信对方不会采取不贬值政策，反而相信对方

①"囚徒困境"的故事：小偷 1 和 2 在作案后被警察抓获，并被分别关在两个不同的房间受审。警察知道两个小偷有罪，但没有足够的证据指控他们，因此必须要他们两个人中的至少一个人坦白。每个小偷必须选择是否认罪并指证同伙。如果二人都不认罪，则两人都以轻微犯罪获刑入狱 1 年；如果两人都认罪并指证同伙，则两人都获刑入狱 8 年；如果一人认罪并指证同伙，另一人不认罪，则认罪的无罪释放，不认罪的获刑入狱 10 年。这样每个小偷都面临四种不同的选择，每种情况的收益也不同。如果小偷 2 选择认罪，1 应该选择认罪，两人都获刑 8 年，否则面临不认罪的更重惩罚，自己获刑 10 年，对方无罪释放。如果小偷 2 选择不认罪，1 应该选择认罪，争取宽大处理无罪释放，否则两人都获刑 1 年。即无论 2 做出什么选择，认罪都是小偷 1 的占优战略。同理，认罪也是小偷 2 的占优战略。但是可以发现，每个人以自我利益为最优的"理性"选择，却没有得到最优结果，导致了两个小偷相对劣势的收益。这就是"囚徒困境"。参见［美］罗杰 A. 麦凯恩（Roger A. McCain）. 博弈论：战略分析入门［M］. 原毅军，等，译. 北京：机械工业出版社，2005：8.

会采取货币贬值以促进出口的货币贸易政策，因此每个国家都选择"以邻为壑"的两败俱伤的贬值政策，也是一种无赖之举，但却酿成了严重后果。

在1919年英国率先放弃英镑兑黄金的金本位制之后，欧洲国家及世界大部分国家都废弃了金本位制，每个国家的货币发行不再受到黄金制约，信用货币的无限量发行成为可能。因此，为了摆脱第一次世界大战后的经济低迷，扩大商品出口，各国纷纷把大量发行货币，使本币贬值作为其首选的货币政策。结果是国际货币体系混乱，国际汇率变动频繁，仅在1925—1929年的4年间，26个西方国家的汇率变动了106次，只有26次方向相同，却有73次方向相反，有7次较小变动。西方国家的通货膨胀十分严重，仅1928年，英国的批发物价指数为140，法国126，德国140，西班牙144，瑞士148，荷兰149。资产价格暴涨，泡沫严重。美国虽仍是金本位制，但美联储同样采取宽松的货币政策大规模发行美元，这为华尔街的资本市场注射了"强心剂"，道琼斯指数从1906年初涨至100点后，经过20多年的盘整，在1927年突破200，1928年突破300点，1929年最高达到380点。股市在疯涨之后必然暴跌，1929年10月29日当天，道琼斯指数从386点跌到98点，跌幅达22%。这一天只是资本主义经济大危机（1929—1933）的一个开端，这也是世界各国"以邻为壑"的国际货币贸易政策的恶果，同时也是大国间博弈的囚徒困境的严重后果。

5.2.3 破解大国间博弈囚徒困境的尝试

1. 造成大国间囚徒困境博弈的原因

"囚徒困境"的本质在于说明，每个参与人的占优战略却不是共同利益的最优战略，即个体理性与集体理性的矛盾。第一次世界大战后世界各国采取"以邻为壑"的国际金融贸易政策，形成国际间博弈囚徒困境的原因主要在三个方面。

第一，造成这种困境的关键原因是第一次世界大战后国际金融主导权的缺位。经过第一次世界大战的耗费，昔日的世界霸主，国际金融主导权的掌握者，号称"日不落帝国"的大不列颠——英国，经济实力大大减弱，国际影响力极大地被削弱。英国作为国际金本位制体系的主导者，已经没有能力掌握国际金融主导权，为国际社会提供国际金融公共产品，维护国际金融秩序稳定。而作为当时已是世界第一强国的美国，由于其长期"孤立主义"的政策主张，显然还没有做好充当世界霸主，掌握国际金融主导权的准备。[1] 美国不愿意承担起提供国际金融公共产品，维护国际金融秩序的责任，自然没有掌握国际金融主导权。在一个国际经济日益紧密联系的世界，国际金融主导权缺位的严重后果就是国际金融秩序的混乱。美国经济学家查尔斯·金德尔伯格在《萧条中的世界：1929—1939》一书中论述道，由于世界经济没有霸权国家提供广阔的商品销售市场，充当最后贷款人的角色……是导致全球经济萧条的主要原因。并由此得出结论，一个为世界提供公共产品的霸权国家的存在是世界经济稳定发展的保障，即霸权稳定论。这里的霸权国家也是国际金融主导权的掌握者。第一次世界大战后，昔日的帝国——英国已经严重衰退，再也没有能力掌握国际金融主导权，新崛起的世界强国——美国不愿意掌握国际金融主导权，导致国际金融主导权缺位，于是大国间博弈陷入囚徒困境。

第二，经过第一次世界大战，原来金本位制的国际金融体系崩溃，新的国际金融体系没有形成，国际金融贸易活动没有了行为准则和规范，各国的金融贸易政策选择也没有了国际约束。第一次世界大战爆发后，各国纷纷开始限制黄金流出，以前的国际收支自动调节机制失效（在国际金本位制下，当一国出现贸易逆差，黄金流出大于流入时，国内商品价格因黄金减少而降低，这样会增强其产品的国际竞争能力，进而增加出口，扭转国际贸易赤字，使国际收支自动趋于平衡；反之，当出现国际贸易顺差，黄金流入大于流出时，国内商品价格上升，这样会降低其产品的国际竞争力，减少出口，使国际收支趋于平衡）。第一次世界大战后，英国由于战争导致大量军费的支出和产品出口能力的降低，黄金大幅外流，由以前世界最大债主国变成了债务国，英镑兑换黄金的承诺不能兑现了，英国的金本位制破产，随着各国纷纷放弃金本位制，国际金本位制体系也不复存在。各国发行货币不再受黄金储备的限制，也没有新的国际金融体系相关

①美国自其独立以来一直奉行由国父华盛顿创立的孤立主义原则，不与任何国家结盟，不卷入到无关的军事冲突，限制与国外的贸易和文化交流，在两次世界大战之间，美国仍然坚持单边主义，拒绝多边国际合作。参见：美国的孤立主义情结［J］.国外社会科学文摘，2006（08）：28-29.

规则的约束和规范，采取宽松货币政策使本国货币贬值以增强本国产品出口的国际竞争力，就成了各国的占优战略。这实际上也是"公地悲剧"的一个典型例子。增发货币实行贬值政策不是某一个或几个国家的特权，每个国家都可以实施，任何国家都没有权利阻止其他国家实行该政策，这样会促使每个国家竞相实施货币贬值政策，最终导致货币泛滥，严重通货膨胀，引发全球性的经济危机，大家都受害，就像"公地"一样。

第三，第一次世界大战后世界各国间的信任度大幅减弱，国际的合作和默契减少，相互间的竞争变得更加激烈。在19世纪，英国凭借其强大的工业生产能力，军事实力和广阔的殖民地，建立起了"贸易—殖民—霸权"的帝国主义经济模式，成为整个世界的中心。然而到20世纪初，美国已超越英国成为第一工业生产国和农业大国，德国也超越英国成为第二工业大国。美国由于拥有广阔的国内市场，对国际市场的扩展不如德国的需求急切，德国由于受人口和国土面积等因素的限制，国内市场已远不能满足其强大生产能力的需要，但是英国、荷兰、法国、西班牙等国家掌控了世界大部分殖民地，英国建立了英帝国贸易体系。同时英法、普法等之间的长期战争，都增加了各国之间的不信任感。第一次世界大战爆发以后，不信任度随着战争而加深。这种不信任的国际关系，在军事上就是军备竞赛，在经济上就是加强贸易保护，竞相贬值本国货币，贸易战、汇率战成为各国军事斗争之后在经济领域的延续。这种不信任的国际关系必然导致国际经济领域的各参与国竞争有余而合作不足，使各国陷入囚徒困境博弈的窘况。

2. 破解大国间囚徒困境博弈的方法

要破解囚徒困境，应从囚徒困境博弈的收益着手，先回到表5-2大国博弈囚徒困境的收益矩阵，大国博弈陷入囚徒困境主要在于不同战略选择的收益差异，而且这种收益关系实际上就是鼓励博弈参与方选择贬值战略。在这种两国博弈的收益情况下，每个国家必然选择贬值战略，因为不贬值就有损失，而且损失还比较大。

如果设计一种机制或签订一种协议，使采用"以邻为壑"战略的国家的贬值策略的成本增加，收益减少，使贬值战略不再是每个国家的占优战略，从而改变博弈参与方的战略选择，形成新的纳什均衡。假定一国采用贬值策略，另一国不采用贬值策略，则采用贬值策略的国家因货币贬值，出口增加，而获得收益 a 个单位，但因货币增加，国内发生通货膨胀，其成本为 c 个单位（$a > c > 0$），但会受到另一个参与方的制裁或惩罚，成本为 F 个单位（$F \geq a$）；如果两个国家都采用贬值策略，则均不会增加出口，但会引发通货膨胀，所以收益为 $-c$；如果两个国家都采用不贬值策略，则都不会有额外收益和损失，所以收益为 0。于是大国博弈新的收益矩阵见表 5-3。

从表 5-3 可以看出，如果 $a - c - F < 0$，即当一个国家实施贬值战略，另一个国家不实施贬值战略时，实施贬值战略的国家的收益为负。不实施贬值战略的国家可以对实施贬值战略的国家实行制裁或惩罚，且惩罚的额度大于等于贬值国家获得的收益，同时通过机制设计或协议使这种惩罚是可信的，即可置信的威胁，这时准备实施贬值战略的国家再选择贬值战略就不是其占优战略，其最佳选择就是与博弈参与方合作，都不贬值。这也表明，囚徒困境博弈是可以破解的，破解的方法就是通过机制设计或签订协议，对违反协议的参与方实施惩罚，或者参与博弈的一方明确告诉对方如果采用贬值策略，必定对其进行报复或制裁，而且这种威胁对双方都是可信的和可行的。

表 5-3　大国博弈新的收益矩阵

		大国B	
		贬值	不贬值
大国A	贬值	(-c, -c)	(a-c-F, F-a)
	不贬值	(F-c, a-c-F)	(0, 0)

3. "一战"后破解大国间囚徒困境博弈的尝试

1929 年经济危机爆发以后，为应对危机，国际的竞争更为激烈，各种贸易战、关税战和汇率战轮番上演，世界经济陷入严重的衰退和萧条之中。德国、法国、英国和美国领导人已经认识到必须联合起来采取行动，才能解决这史无前例的经济危机。1932 年，巨头们达成了要召开世界经济会议的共识。世界经济会议最终于 1933 年 6—7 月在英国伦敦举行，内容为协调各国经济政策，稳定世界的金融和贸易，主要是希望降低关税和稳定国际货币体系。但是各国基于本国利益最大化的目标以及狭隘的民族利己主义态度，会议没有达成有价值的结果，之后各国间的经济战变得更为激烈。英国希望美国能降低关税（因为美国在1931年提高了原本就比欧洲高的关税税率），让欧洲各国能用商品偿还第一次世界大战所欠的债务，美国却通过《赫尔法案》要求各国降低关税的10%，美元贬值15~20%。这一仅对美国有利而对他国无利的方案自然得不到多数国家同意。英、法诸国则希望美元币值稳定，1933年6月15日，英、法、美三国中央银行就市场汇率达成了协议，保证汇率稳定，结果美元升值。这与美国货币贬值扩大出口的愿望相违背，罗斯福电告代表团，不能在协议上签字。最后，世界经济会议无果而终。

会议刚刚结束，7月伦敦银行业发生挤兑，黄金外流，9月英国宣布放弃金汇兑本位制，随后各国纷纷放弃金汇兑本位制。世界统一的协议不能达成，于是各种小集团开始形成。英国联合其殖民地形成了英镑集团，法国在法殖民地形成黄金集团，美国结合一些本币盯住美元的国家包括中国在内形成了美元集团。这样的世界更加混乱了，为法西斯主义提供了肥沃的土壤。

这次世界大国召开的世界经济会议，是各国在各种经济战后对破解囚徒困境的一种尝试，如果巨头们能适当以国际公共利益为重达成一个有约束力的协议，可能对世界各国都有利，遗憾的是各国均以本国利益为重，没有达成协议，继续进行囚徒困境式的大国博弈。到此为止，国际金融主导权仍然缺位。

5.3 "二战"后大国间国际金融主导权的契约博弈

经过第一次世界大战，昔日的霸主英国元气大伤，由其创立的国际金本位制体系也因其实力衰退而不得不率先放弃，而导致国际金本位制最终瓦解。英国再也没有能力掌握国际金融主导权，而作为已经崛起为世界第一强国的美国却没有做好充当世界霸主，掌握国际金融主导权的准备，其他发达国家更是有心无力，从此世界进入了没有霸主的混乱时代，国际金融主导权由此缺位。在旧的国际金本位制体系瓦解，新的体系又没有形成，国际金融主导权缺位的情况下，国际金融贸易政策陷入了囚徒困境。虽然在1933年——经济危机之后的第4年，世界大国的首脑们已经意识到囚徒困境的危害，并聚在伦敦共谋国际经济大事，但因各国诉求差异巨大，无果而终。大国博弈的囚徒困境，不仅引发了旷日持久的全球经济大萧条，并最终把全球带入了第二次世界大战的灾难之中。因此，在第二次世界大战尚未结束之时，英国和美国就开始布局战后国际政治经济格局。为避免战争悲剧的再次发生，着手构建以联合国为核心的国际政治秩序，以及以布雷顿森林协定、国际货币基金组织、世界银行和关贸总协定为核心的国际金融贸易体系。

5.3.1 布雷顿森林体系的建立：从囚徒困境走向契约博弈

1933年伦敦国际经济会议的失败，主要原因在于国际社会共识不足，各国诉求差异巨大。第二次世界大战之后，世界格局更加明朗，美国作为世界第一大国的实力更加强大，对一个稳定的国际政治经济环境的渴求更加急切。其他发达国家，无论战胜国还是战败国都成了战争的输家，经济几近崩溃，因此也急需一个有利于恢复经济发展的和平环境和国际经济金融体系。"一超多强"的国际经济政治格局，也使美国顺理成章的成为战后国际秩序安排的领导者，其他国家只能接受其领导。在构建战后国际金融体系方面，英国和美国积极竞争，并分别提出了"凯恩斯计划"和"怀特计划"，但1944年在美国的新罕布什尔州的布雷顿森林小镇召开的联合国货币金融会议，最终以"怀特计划"为基础签订了《国际货币基金组织协定》和《国际复兴开发银行协定》，确立了以美元为中心的国际金融体系，即布雷顿森林体系。

《国际货币基金组织协定》和《国际复兴开发银行协定》（以下简称《协定》）实际上是国际经济博弈的参与方需要遵守的国际契约，具有一定的约束力，为国际社会博弈走出囚徒困境提供了一个制度保障。这个制度设计为参与方提供了遵守契约的激励机制和不遵守契约的惩罚机制，并促使各国采用合作的态度参与国际经济发展。

首先，协定确立了美元与黄金挂钩，各国货币与美元挂钩的"双挂钩"的国际货币制度，即以美元为中心的固定汇率制度。这种制度设计，杜绝了以前各国"以邻为壑"的货币竞争政策，避免各国再次陷入囚徒困境博弈，也避免了因汇率大幅波动给国际经济金融发展带来的不稳定性风险。美元以固定比价兑换黄金，又解决了国际金本位制下因黄金产量有限而导致货币供给不足的缺陷。

其次，国际货币基金组织和国际复兴开发银行等永久性国际金融机构的建立，有力地促进了布雷顿森林体系各项原则的执行和推行，有益于对各国政府金融政策的监督和各国利益的协调。国际货币基金组织为成员国提供短期资金借贷，以保障国际货币体系的稳定；国际复兴开发银行为成员国提供中长期贷款以恢复经济发展。战后大部分成员国都存在不同程度的资金短缺问题，包括短期资金和长期资金，短期资金用于解决国际支付危机，长期资金用于恢复经济重建，但要获得这些资金必须严格遵守《协定》的各项规定，这就是制度为成员国设计的鼓励其遵守规则的奖惩机制，也是各国从囚徒困境走向契约博弈的保障。

最后，美国掌握了布雷顿森林体系的主导权，即美国是国际金融主导权拥有国。"双挂钩"的制度设计，使美元成为等同于黄金的国际货币，美国成为国际货币的供给者，而且美国在国际货币基金组织中拥有绝大部分份额，并拥有否决权，世界银行行长也由美国人担任。这也赋予了美国对成员国短期和长期贷款的决定权。这种制度设计使美国拥有了至高无上的、不受国际约束的权力，美国相当于《协定》的最终监督者和执行者。也就是说，如果哪个成员国不遵守相关规定，美国就有权力使该国无法获得其所需要的短期或长期贷款。这种威胁是可信的，这促使各成员国遵守各项规定，保障《协定》各项内容的贯彻落实。

但是，该体系设计虽然规定了美国需要保障美元与黄金按规定比价兑换的义务，却对这种义务没有强制保障的约束措施，也就是对美国来说，没有违规带来的惩罚成本，只有掌握国际金融主导权带来的巨大好处，并且违规（即超发美元以至不能保障美元与黄金按固定比价兑换）会带来更大的好处，这样就会引诱美国违规超发美元。这是该体系设计的最大缺陷，必然导致布雷顿森林体系最终崩溃。其实特里芬难题不是布雷顿森林体系崩溃的根本原因，因为只要美国遵守《协定》要求，并保障经济增长率与黄金增长率之和大于或等于美元收益率，美元作为国际货币具有内在稳定性，特里芬难题可以规避①。

5.3.2 布雷顿森林体系的运行：从共赢走向危机

布雷顿森林体系从 1944 年建立至 1971 年崩溃，在其运行的 20 多年里，可以分为两个阶段，从最初的共赢走向危机。

第一个阶段：从 1944 年—1960 年，共赢阶段。第二次世界大战后，英国、法国、德国、意大利、日本等老牌资本主义国家，因受战争的蹂躏，工业体系几乎瘫痪，经济几近崩溃；而美国，由于远离战场，不仅保留了完整的工业体系，还在战争期间通过为同盟国提供军需物资，赚取世界大部分黄金储备，成为名副其实的霸主。一方面是百废待兴的欧、日等地区，一方面是生产能力极强的美国。在布雷顿森林体系下，美国通过实施马歇尔的欧洲复兴计划，为欧洲经济重建进行贷款向欧洲发行美元，而欧洲国家通过贷款获得美元购买美国商品和技术，进行经济重建（见图 5-3）。这个时期美国既为世界提供国际货币——美元，也为世界提供商品。美国通过向欧洲贷款增强了对欧洲的控制，扩大了美元的国际影响力，大量的商品出口也创造了就业岗位，促进了国内经济的发展。欧洲国家通过贷款购买需要的设备和技术，迅速恢复了工业体系。美国采取同样的措施，对日本等国进行了贷款和援建。美国和欧、日等地区在布雷顿森林体系下，通过合作形成了双赢、多赢、共赢的局面。

第二个阶段：从 1961 年—1973 年，危机阶段。实际上从 1950 以后的

①在布雷顿森林体系下，当美国的经济增长与黄金储备增长率之和大于或等于美元收益率，美元作为国际储备货币具有内在的稳定性，特里芬难题可以规避；在现代国际货币体系下，只要主权信用货币发行国的经济增长率大于或等于通货膨胀率和国际储备货币收益率之和，主权信用货币充当国际储备货币同样具有内在稳定性。参见：陈建奇. 破解特里芬难题 [J]. 经济研究，2012（04）：113-122.

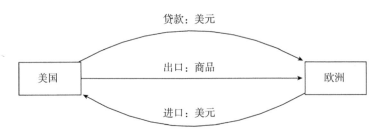

图 5-3　美国与欧洲资金与商品的双向流动图

大部分年份，美国都出现了贸易逆差。战后美国由于种种原因经济发展相对缓慢，而其他发达资本主义国家经济发展迅速，产品的国际竞争能力强，从以前对美国的逆差，转变为对美国的顺差。美国也因美元的国际货币低成本印制，乐意用美元换取其他国家的商品。这时美国与其他发达国家的资金与商品流动方向发生了转变。美国不再是向其他国家贷款，而是直接用美元向其他国家购买商品，从以前的顺差国转变为逆差国。从1961年起，美国发起了对越南的全面战争，久而不决的越南战争使美国耗费了大量的人力、财力和物力，并把美国从世界最大的债主国拖入债务国。然后，美国又通过发行国债吸引外国资金流入美国，供美国政府消费、支付科研和国防开支。从而在美国与欧、日等地区之间形成新的资金与商品的双向流动（见图5-4）。

图 5-4　美国与欧、日等地区资金与商品的双向流动图

由于美国长期贸易和财政的双赤字，美国的黄金储备不断外流，并且在国外尤其是欧洲集聚了数额庞大的美元资产，而且美国巨大的越战军费开支，使国际社会对美国对美元兑换黄金的承诺产生质疑，纷纷拿出美元到美国兑换黄金，美元信任危机不断。终于在1971年7月，第七次美元危机爆发，美国政府再也无法应对巨大的美元兑换潮，于 8 月 15 日宣布停止履行美元按固定比价兑换黄金的义务。当年 12 月，美联储拒绝向外国政府和中央银行出售黄金，美元与黄金挂钩的体制瓦解。1973 年，西欧各国家实行了本国货币对美元的浮动汇率制度。至此，以"双挂钩"为核心的布雷顿森林体系崩溃。

布雷顿森林体系的瓦解本质上是美国过度利用国际金融主导权地位谋求本国利益最大化，而不顾国际公共利益的结果。这同时也是布雷顿森林体系制度设计缺陷的结果，因为美国拥有独一无二的发行国际货币美元的权力，却没有监督和促使其信守美元与黄金固定比价承诺的奖惩机制，因此布雷顿森林体系的最终瓦解是自其创立开始起就注定的。

5.3.3 布雷顿森林体系的崩溃：从契约博弈走向金融霸权

从布雷顿森林体系的运行过程来看，美国从未遵守这一国际契约，而其他国家却严格按契约要求行动，美国终止向外国政府和中央银行出售黄金，本质上就是违约。美国一开始就没有严格遵守《协定》的要求保障美元信用。从 1950 年开始，美国的国际收支就不断恶化，在这种情况下，美国不仅没有使这种状况改善，还继续发动战争扩大双赤字，进一步恶化国际收支。这种状况的结果必然是美元与黄金的固定比价不可维持，这也表明美国政府从来就没有遵守过相关国际协定。美国违约了，"双挂钩"不存在了，布雷顿森林体系随之瓦解了，契约博弈也不复存在。

虽然布雷顿森林体系瓦解了，但美元作为国际货币的地位并没有丢失。1976 年以《牙买加协议》形成的新的国际金融体系，即牙买加体系，除了黄金非货币化和浮动汇率合法化外，布雷顿森林体系中的以美元为国际货币，以及国际货币基金组织和世界银行等国际金融机构等核心内容都没有本质的改变。美国不仅没有因美元违约受到惩罚或地位受损，反而借《牙买加协议》将其既得利益合法化，将美国的意志上升为国际协议。虽然也有增加成员国的基金份额，设立特别提款权等内容，但对美国利益都没有丝毫损失。日后美国发行美元完全是自己的事情，完全取决于国内政治经济利益的需要，连本来就比较弱的黄金储备的约束都没有了。国际金融体系进入了新的阶段——美国金融霸权。

　　美国凭借不受约束的国际货币美元的发行地位，肆意实施金融霸权，对世界各国尤其是发展中国家进行双重掠夺（见图5-5）。第一，美国政府通过发行美元和美国国债对世界进行双重掠夺。一方面，美国通过大量印刷美元无代价地换取全球商品和资源供给，使美国民众享受低廉而丰裕的物质消费；另一方面，又低成本地发行国债吸收各国的剩余资本回流美国，以供其庞大的科研、国防和社会保障支出。第二，美国强大的金融机构对世界进行双重掠夺。一方面，美国庞大的金融资本对外国产业进行投资，甚至控股，进而赚取丰厚的利润；另一方面，美国的金融机构通过制造各式各样的金融产品向全世界销售，以吸引世界资本流向美国，在赚取高额利润的同时，通过危机将风险成本分摊给全世界，次级债券就是其中一种。现行国际金融体系的本质就是美国金融霸权。

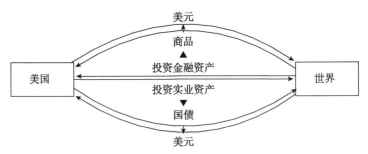

图 5-5　美国与世界资本和商品的双向流动图

5.4　本章小结

　　国际金融主导权的形成、获取和运行本质上都是国际博弈的结果。国际金融主导权在国际的博弈包括两种类型，即大国与小国之间的博弈、大国与大国之间的博弈。在大国与小国之间，由于小国能力有限，无力提供国际金融公共产品，等待大国提供国际金融公共产品，搭乘大国发展的便车，成为其占优策略，从而形成大国与小国之间的智猪博弈。围绕国际金融主导权的博弈主要在强国间展开，截至目前，主要有三种类型。第一次世界大战后，由于国际金融主导权缺失，各国间的彼此信用关系缺失，各国纷纷实施"以邻为壑"的国际贸易金融货币政策，结果导致世界经济大萧条和第二次世界大战的爆发，形成典型的囚徒困境。第二次世界大战后期，为避免再次陷入囚徒困境式的国际金融经济混乱秩序，以美国为首的西方国家建立了以美元为核心的布雷顿森林体系，制定国际货币金融事务金融国际规则，从而形成契约博弈。布雷顿森林体系崩溃后，美国的美元地位不降反升，形成了本质上的美元霸权。当今国际金融体系的本质就是美元霸权。

第6章

国际金融主导权对世界经济的影响

国际金融主导权的形成与转移是世界经济发展的需要，那么国际金融主导权对世界经济的影响体现在哪里？国际金融主导权的核心是国际货币主导权。本章主要通过研究国际货币主导权对世界经济的影响，进而洞察国际金融主导权的经济影响。在此通过构建一个世界经济核算模型，探讨国际货币主导权国发行国际货币对本国（指国际金融主导权拥有国）、他国（非主导权国）和世界经济发展的影响，并以美国和美元为例进行实证分析，研究美元发行对本国和世界经济的影响①。

6.1 理论分析框架：构建世界经济核算模型

在此以凯恩斯国民收入—支出均衡条件下的四部门经济模型为基础，构建一个由 a 国（拥有国际货币主导权，其国家货币是国际主导货币）和 b 国（不拥有国际货币主导权，其国家货币不是国际货币）两个国家组成的世界经济核算模型，并假定两国满足以下假设条件：

（1）a，b 两国国际收支平衡表中的经常项目和资本项目全开放，货物和资金可以自由流入流出该国；a，b 两国间的货物贸易没有关税，且不考虑交易费用。

（2）每国的国民收入（AE_{it}）构成从支出的角度看等于消费（C_{it}）、投资（I_{it}）、政府购买（G_{it}）和净出口（NX_{it}）的总和；从收入的角度看，国民收入（Y_{it}）等于消费（C_{it}）、储蓄（S_{it}）和税收（T_{it}）的总和。在均衡条件下，收入和支出相等，即 $AE_{it} = Y_{it}$。

（3）世界每年的经济总量（Y_{wt}）等于 a，b 两国的国民收入的总和，

---

①本部分主要内容基于作者已发表论文，原论文载于《广义虚拟经济研究》2014 年第 2 期。

且两国的贸易顺差或逆差数额刚好相等，方向相反，即 $NX_{at} = -NX_{bt}$。

根据上述假设条件（2）可知：

从支出角度看，

a 国第 t 年的国民收入为：

$$AE_{at} = C_{at} + I_{at} + G_{at} + NX_{at} \qquad (6-1)$$

b 国第 t 年的国民收入为：

$$AE_{bt} = C_{bt} + I_{bt} + G_{bt} + NX_{bt} \qquad (6-2)$$

从收入角度看，

a 国第 t 年的国民收入为：

$$Y_{at} = C_{at} + S_{at} + T_{at} \qquad (6-3)$$

b 国第 t 年的国民收入为：

$$Y_{bt} = C_{bt} + S_{bt} + T_{bt} \qquad (6-4)$$

在均衡条件下，收入和支出相等，即 $AE_{it} = Y_{it}$，于是有：

$$Y_{at} = C_{at} + I_{at} + G_{at} + NX_{at} \qquad (6-5)$$

$$Y_{bt} = C_{bt} + I_{bt} + G_{bt} + NX_{bt} \qquad (6-6)$$

式（6-5）和式（6-6）分别为上述 a，b 国的经济核算模型。

根据上述假设条件（3）可知：

$$
\begin{aligned}
Y_{wt} &= Y_{at} + Y_{bt} \\
&= C_{at} + I_{at} + G_{at} + C_{bt} + I_{bt} + G_{bt} + NX_{at} + NX_{bt} \\
&= C_{at} + I_{at} + G_{at} + C_{bt} + I_{bt} + G_{bt} \qquad (6-7)
\end{aligned}
$$

也就是说，世界经济总量从支出角度看等于两国的消费、投资、政府购买的总和：

$$Y_{wt} = C_{at} + I_{at} + G_{at} + C_{bt} + I_{bt} + G_{bt} \qquad (6-8)$$

式（6-8）为世界经济核算的基本模型。

6.2 国际货币主导权影响经济的具体分析

根据世界经济核算的基本模型，考察国际货币主导权国通过控制货币发行分别对本国、他国（国际货币主导权非拥有国）和世界经济增长、出口（或进口）及通货膨胀的影响。

6.2.1 国际货币发行的最终流向

一国中央银行一般通过公开市场操作、改变贴现率和调节法定准备金率三种方式调控货币供给。在储蓄率一定的情况下，增发货币会产生托宾效应[①]，改变社会总财富中货币和资本的组合情况，资产相对构成转向资本，进而增加社会总需求，促进经济增长。从货币的最终用途看，按照凯恩斯的国民收入决定理论，增加的货币供给[②]可最终用于国内的消费、投资、政府购买三项支出，但由于该中央银行发行的货币为国际货币，不仅可以用于国内支出，还可以用于向国外进口和投资，于是有：

$$M = M_C + M_I + M_G + M_{MF} + M_{IF}$$
$$= \alpha M + \beta M + \gamma M + \delta M + \varepsilon M \qquad (6\text{-}9)$$

其中，$\alpha + \beta + \gamma + \delta + \varepsilon = 1$，$M$ 为中央银行控制的最终增加的有效货币供给量；$\alpha = M_C/M$，M_C 为可用于消费的货币供给量；$\beta = M_I/M$，M_I 为可用于投资的货币供给量；$\gamma = M_G/M$，M_G 为可用于政府购买的货币供给量；$\delta = M_{MF}/M$，M_{MF} 为可用于进口的货币供给量；$\varepsilon = M_{IF}/M$，M_{IF} 为可用于对外国投资的货币供给量。

6.2.2 国际货币主导权影响经济的不同情况

根据宏观经济学总需求原理，新增货币如何才能转变为有效需求，并最终导致国民收入的增加，取决于资源的利用情况，而国际货币发行不仅取决于国内资源，而且取决于国外资源的利用情况。

假定：两国资源均未充分利用。

在两国资源均未被充分利用的情况下，根据凯恩斯宏观经济学的总需求原理，增加货币供给可以使总需求增加。新增货币一部分用于国内的消

---

①托宾（Tobin，1965）首次明确将货币因素与增长理论相结合。如果增加货币供给，引起通货膨胀，对于实际产出存在正向影响，则认为经济当中存在"托宾效应"。

②这里的货币供给指的是有效供给，即中央银行通过控制基础货币，在货币乘数效应下形成的最终用于消费和投资的有效供给，在此不考虑货币创造的过程。

费、投资和政府购买三项支出，剩余部分用于向国外进口和投资。因此，国民收入的构成中不仅包括均衡条件下的各项构成，还包括国际货币主导权国增发货币（扩张性的货币政策）引起的各项的增加，即一国某一时期国民收入的各项构成等于均衡条件下的各项支出加上因增发货币而转化的支出。可得下列等式：

$$C_t = C_0 + C_M \tag{6-10}$$

其中，C_t 为一国某一期的消费支出，C_0 为均衡条件下的消费支出，C_M 为新增货币转化而得的消费支出。

$$I_t = I_0 + I_M \tag{6-11}$$

其中，I_t 为一国某一期的投资支出，I_0 为均衡条件下的投资支出，I_M 为新增货币转化而得的投资支出 I_M。

$$G_t = G_0 + G_M \tag{6-12}$$

其中，G_t 为一国某一期的政府购买支出，G_0 为均衡条件下的政府购买支出，G_M 为新增货币转化而得的政府购买支出。

$$M_t = M_0 + M_M \tag{6-13}$$

其中，M_t 为一国某一期的进口支出，M_0 为均衡条件下的进口支出，M_M 为新增货币转化而得的进口支出。

$$X_t = X_0 + X_M \tag{6-14}$$

其中，X_t 为一国某一期的出口量，X_0 为均衡条件下的出口量，X_M 为因新增货币导致汇率下降而增加的出口量。

1. a 国增发国际货币对其本国经济增长的影响

在两国资源均未被充分利用的情况下，a 国采用扩张性的货币政策（由中央银行购买增发政府债券的扩张性财政政策，在本质上仍为扩张性的货币政策），既可以相应增加国内消费、投资和政府购买支出，也可以增加向国外的投资和进口支出，在此不考虑因增加货币供给，本币贬值，汇率下降，增强国内产品的国际竞争力，引起出口的增加，即 $X_M = 0$。根据国民收入恒等式，可得在增发货币的情况下，a 国的国民收入为：

$$
\begin{aligned}
Y_{at} &= C_{at} + I_{at} + G_{at} + NX_{at} \\
&= C_{a0} + C_{aM} + I_{a0} + I_{aM} + G_{a0} + G_{aM} + X_{a0} + X_{aM} - (M_{a0} + M_{aM}) \\
&= Y_{a0} + C_{aM} + I_{aM} + G_{aM} - M_{aM}
\end{aligned}
\tag{6-15}
$$

假定新增货币供给全部转化为最终支出，即：

$$M_{aC} = C_{aM} , M_{aI} = I_{aM} , M_{aG} = G_{aM} , M_{aMF} = M_{aM} , M_{aIF} = I_{aMF} \quad (6\text{-}16)$$

其中 I_{aMF} 为因增发货币而增加的对国外的投资。

将式（6-16）和式（6-9）中相关关系代入式（6-15），可得出 a 国国民收入与新增货币之间的关系式：

$$
\begin{aligned}
Y_{at} &= Y_{a0} + M_{aC} + M_{aI} + M_{aG} - M_{aMF} \\
&= Y_{a0} + \alpha M + \beta M + \gamma M - \delta M \\
&= Y_{a0} + (\alpha + \beta + \gamma - \delta)M
\end{aligned}
\quad (6\text{-}17)
$$

其中 Y_{a0} 为在均衡条件下 a 国国民收入。

由式（6-17）可知，a 国增发货币能否引起经济增长（国民收入的增加），关键看新增货币最终转化为国内支出和从国外进口的比例关系，如果新增货币最终转化为国内支出大于从国外进口支出，即 $\alpha + \beta + \gamma - \delta > 0$，则国民收入增加，引起经济增长；反之，则国民收入减少，导致经济减速。

2. a 国增发国际货币对 b 国经济增长的影响

在两国资源均未被充分利用的情况下，a 国采用扩张性的货币政策，可以增加对 b 国的投资和进口，从而使 b 国的投资支出和出口增加，即 $I_{bM} = I_{aMF} = M_{aIF} = \varepsilon M$，$X_{bM} = M_{aM} = M_{aMF} = \delta M$。根据国民收入恒等式，可得在增发货币的情况下，b 国的国民收入为：

$$
\begin{aligned}
Y_{bt} &= C_{bt} + I_{bt} + G_{bt} + NX_{bt} \\
&= C_{b0} + I_{b0} + I_{bM} + G_{b0} + X_{b0} + X_{bM} - M_{b0} \\
&= C_{b0} + I_{b0} + G_{b0} + NX_{b0} + \varepsilon M + \delta M \\
&= Y_{b0} + (\varepsilon + \delta)M
\end{aligned}
\quad (6\text{-}18)
$$

其中 Y_{b0} 为在均衡条件下 b 国国民收入。

由式（6-18）可知，b 国的经济增长是 a 国增发货币 M 的增函数，即在 b 国资源尚未充分利用的情况下，a 国增发货币会增加对 b 国的投资和进口，进而推动 b 国经济增长。

3. a 国增发国际货币对世界（a 国和 b 国）经济增长的影响

根据式（6-8）世界经济核算的基本公式，可得在 a 国增发国际货币的情况和世界经济增长的情况，即 a，b 两国的国民收入总和为：

$$Y_{wt} = C_{at} + I_{at} + G_{at} + C_{bt} + I_{bt} + G_{bt}$$
$$= C_{a0} + C_{aM} + I_{a0} + I_{aM} + G_{a0} + G_{aM} + C_{b0} + I_{b0} + I_{bM} + G_{b0}$$
$$= C_{a0} + I_{a0} + G_{a0} + C_{b0} + I_{b0} + G_{b0} + \alpha M + \beta M + \gamma M + \varepsilon M$$
$$= Y_{u0} + (\alpha + \beta + \gamma + \varepsilon)M \qquad (6\text{-}19)$$

其中 Y_{u0} 为在均衡条件下世界经济总量。

由式（6-19）可知，世界经济增长是 a 国增发货币 M 的增函数，即在 a，b 两国资源均未被充分利用的情况下，a 国增发货币既可以增加本国的消费、投资和政府购买支出，也可以增加 b 国的投资支出，最终是两国的国民收入均增加，从而促进世界经济增长。

如果在 a 国资源已被充分利用、b 国资源未充分利用的情况下，a 国增发货币不能最终转化为国内消费、投资和政府购买支出，但能增加对 b 国的投资和进口支出。因此在此情况下，a 国增发货币不能增加 a 国的国民收入，但能增加 b 国的国民收入，并使两国的国民收入总和增加，促进 b 国和世界经济增长。

如果在 a，b 两国资源均被充分利用的情况下，a 国增发货币既不能最终转化为国内消费、投资和政府购买支出，也不能增加对 b 国的投资和进口的支出，即不能引起任何一国和整个世界的经济增长，只能引起两国物价水平的上升，并导致经济增长减缓或停滞，通货膨胀上升的滞涨状况。

6.3　实证分析：以美国和美元为例

自布雷顿森林体系瓦解以后，美元成为不受国际约束的国际货币，形成了美元本位制的国际货币体系，美国凭此地位，掌握着国际货币主导权。美元发行的多寡，美联储的一举一动都影响着世界经济的发展，尤其是与美国经济紧密联系的国家和地区。本部分拟通过实证分析法研究美元发行与世界主要地区经济发展之间的关系。

6.3.1 各地区经济增长与美元发行之间的因果分析

研究美元发行与世界经济发展的关系，首先考察两者之间是否存在因果关系，否则研究就没有意义，借此找出经济发展与美元发行关系密切的地区。在此对世界主要地区：东亚及太平洋地区（EAS）、高收入国家（HIC）、经合组织所有成员国（OED）、南亚地区（SAS）、北美地区（NAC）、欧洲地区（EMU）、拉丁美洲（LCN）、中东及北非地区（MEA）和整个世界（WLD）的经济增长率与美元发行增长率（AM）间的因果关系进行 Granger 检验。

在进行 Granger 检验之前，先对各指标的水平值在"有一个单位根"的原假设上进行平稳性检验，运用 eviews6.0 软件检验的结果如下（见表 6-1）。

表 6-1　美元增长率和各地区经济增长率数据的平稳性检验结果

地区	指标	检验形式 (c, t, n)	ADF	临界值 1%	临界值 5%	临界值 10%	P 值
EAS	GDP	(C, 0, 0)	−4.320586	−3.568308	−2.921175	−2.598551	0.0012
HIC	GDP	(C, 0, 0)	−4.124078	−3.568308	−2.921175	−2.598551	0.0021
OED	GDP	(C, 0, 0)	−4.081591	−3.568308	−2.921175	−2.598551	0.0024
SAS	GDP	(C, 0, 0)	−5.944278	−3.568308	−2.921175	−2.598551	0.0000
NAC	GDP	(C, 0, 0)	−5.023509	−3.568308	−2.921175	−2.598551	0.0001
EMU	GDP	(C, 0, 0)	−3.784752	−3.568308	−2.921175	−2.598551	0.0055
LCA	GDP	(C, 0, 0)	−4.574186	−3.568308	−2.921175	−2.598551	0.0005
MEA	GDP	(C, 0, 0)	−3.425032	−3.596616	−2.921175	−2.604867	0.0155
WLD	GDP	(C, 0, 0)	−4.466527	−3.568308	−2.921175	−2.598551	0.0007
USA	M2	(C, 0, 0)	−4.332243	−3.568308	−2.921175	−2.598551	0.0011

注：美元增长率（AM）与各地区经济增长率（1961—2011 年）数据来源于世界银行官方网站；（C, 0, 0）表示有截距项，没有趋势项，滞后阶数为 0，滞后项阶数根据 SIC 准则自动选择。

根据表 6-1 的结果可知，在 5% 的显著水平下拒绝原假设，各指标是平稳的，因此可以进行 Granger 因果检验，运用 eviews6.0 软件检验的结果如下（见表 6-2）。

表 6-2　各地区经济增长与美元增长之间的 GRANGER 因果检验

检验	原假设	F 统计量	P 值	结论
（1）	AM 不是 EAS 的 Granger 原因	4.86276	0.0124	拒绝原假设
（2）	AM 不是 HIC 的 Granger 原因	3.61250	0.0353	拒绝原假设
（3）	AM 不是 OED 的 Granger 原因	3.45246	0.0405	拒绝原假设
（4）	AM 不是 SAS 的 Granger 原因	2.66897	0.0805	拒绝原假设
（5）	AM 不是 NAC 的 Granger 原因	2.96937	0.0617	拒绝原假设
（6）	AM 不是 WLD 的 Granger 原因	3.17326	0.0516	拒绝原假设
（7）	AM 不是 EMU 的 Granger 原因	0.48913	0.6165	接受原假设
（8）	AM 不是 LCN 的 Granger 原因	0.41477	0.6630	接受原假设
（9）	AM 不是 MEA 的 Granger 原因	9.5E-05	0.9999	接受原假设

注：根据 Granger 检验规则，在 10% 的显著水平下，（1）—（6）检验拒绝原假设，而（7）—（9）检验接受原假设。

由检验结果表明，美元发行分别是东亚、高收入国家、经合组织国家、南亚、北美及整个世界经济增长的格兰杰原因，但不是欧洲、拉丁美洲和中东及北非地区经济增长的格兰杰原因。这表明美元发行对亚洲及北美地区经济发展的影响更大，对欧洲、拉丁美洲及非洲地区影响小一些。

6.3.2　各地区经济发展指标与美元发行增长率的关联分析

Granger 因果关系检验只能对两者之间是否存在因果关系进行一个定性的判定，不能对两者之间的因果关系进行准确定量地刻画和描绘。灰色关联分析恰好可以弥补这一不足，既可以描绘两者之间在不同时期的关联程度（即关联系数时间数列或关联曲线图），也可以对关联程度给出一个总的评价（即关联度）。

1. 样本、指标选取与数据采集

根据前面美元增长率与地区经济增长率之间的 Granger 因果关系检验，选取跟美国经济关系紧密，对美元依赖度较大的北美地区（NAC）、东亚及太平洋地区（EAS）、南亚地区（SAS）、整个世界（WLD）及美国（USA）作为研究样本。拟通过分析美元增长率与各地区经济增长率、出口增长率、通货膨胀率等经济指标之间的关联性，进而分析美元发行对各地区及世界经济的影响。以美国对美元的发行及美元增长率作为灰色关联分析的母序列记为 $X_0(t)$，t 表示时刻，可表示为 $X_0 = [X_0(1)，X_0(2)\cdots，X_0(n)]$。将各地区的经济增长率、出口增长率（美国的为进口增长率）、通货膨胀率作为子序列记为 $X_i(t)$，t 表示时刻，可表示为 $X_i = [X_i(1)，X_i(2)\cdots，X_i(n)]$。

各地区及世界的经济增长率、通货膨胀率和进出口增长率指标的数据来源于世界银行网站的数据统计，美元发行增长率指标的数据根据美联储网站提供的货币存量 $M2$ 的月数据计算获得。根据数据可得性原则，在此选取的数据时间跨度为 1961—2011 年。

2. 变换原始数据

为了消除原始数据量纲、量级的差别，变为可比较的数据列，采用均值法对其进行标准化变换处理：先分别求出各个序列的平均值，再用平均值去除对应序列中的各个原始数据，便得到新的数据列，即均值化序列。经数据变换的母数列为 $\{x_0(t)\}$，子数列为 $\{x_i(t)\}$，如下：

$$\{x_0(t)\} = \frac{X_0(t)}{\sum_1^n X_0(t)/n} \tag{6-20}$$

$$\{x_i(t)\} = \frac{X_i(t)}{\sum_1^n X_i(t)/n} \tag{6-21}$$

3. 计算关联系数并绘制灰色关联曲线

在时刻 $t=k$ 时，母序列 $\{x_0(t)\}$ 与子序列 $\{x_i(t)\}$ 的关联系数 $L_{0i}(k)$，用下式计算：

$$L_{0i}(k) = \frac{\Gamma_{min} + \alpha\,\Gamma_{max}}{\Gamma_{0i}(k) + \alpha\,\Gamma_{max}} \qquad (6\text{-}22)$$

式中：Γ_{0i} （k）为 k 时刻两比较序列的绝对差，即 Γ_{0i} （k）= $|x_0(k) - x_i(k)|$，$1 \leqslant i \leqslant m$；$\Gamma_{min}$，$\Gamma_{max}$ 分别为所有比较序列各个时刻绝对差中的最大值与最小值。a 称为分辨系数，可以削弱最大绝对差数值太大而失真的影响，提高关联系数之间的差异显著性。$a \in$ （0，1），一般情况下可取 0.1~5，在此取 0.5。

关联系数反映了两个比较序列在某一时刻的紧密（靠近）程度。如在 Γ_{min} 的时刻，$L_{0i} = 1$，而在 Γ_{max} 的时刻，则关联系数为最小值。因此，关联系数的范围是 0<L≤1。当关联系数越趋近于 1 时，说明两个变量间的相关性越大，相关系数等于 1 时，则完全正相关；当关联系数越趋近于 0 时，说明两个变量间的相关性越小，相关系数等于 0 时，则完全不相关。

通过式（6-22）计算可得到美元增长率与各地区经济发展指标在不同时刻 k 的关联系数，构成关联系数时间序列。以时间 k 作为横轴，关联系数 L 作为纵轴，将关联系数时间序列绘制成关联系数曲线，即为灰色关联曲线（见图 6-1、图 6-2、图 6-3、图 6-4、图 6-5）。

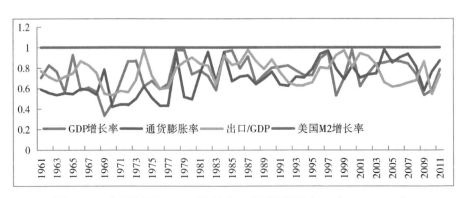

图 6-1　东亚地区 GDP 增长率、通货膨胀率、出口/GDP 与美国 M2 增长率的灰色关联曲线

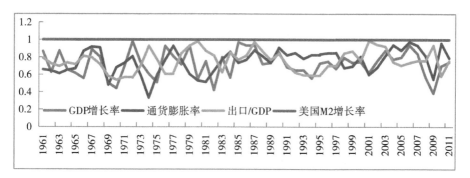

图 6-2 北美地区 GDP 增长率、通货膨胀率、出口/GDP 与
美国 M2 增长率的灰色关联曲线

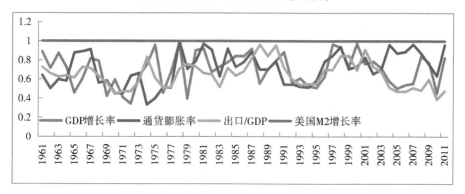

图 6-3 南亚地区 GDP 增长率、通货膨胀率、出口/GDP 与
美国 M2 增长率的灰色关联曲线

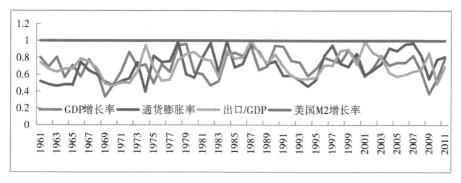

图 6-4 全世界 GDP 增长率、通货膨胀率、出口/GDP 与
美国 M2 增长率的灰色关联曲线

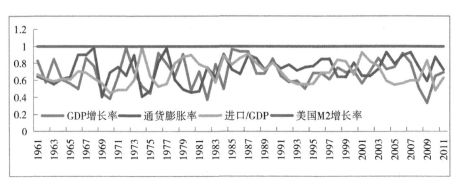

**图 6-5   美国 GDP 增长率、通货膨胀率、出口/GDP 与
美国 M2 增长率的灰色关联曲线**

灰色关联曲线图非常生动地描绘了各指标之间的相关程度。上述 5 图中的直线是美元增长率与其本身的关联曲线，表明其与自身 100% 关联，关联系数为 1。其他曲线离该直线的远近表明各指标与美元增长率之间的关联程度，越靠近直线表示与美元增长率关联程度越高，离直线越远表示与美元增长率关联程度越低。

从这些图可以观察到：在东亚、太平洋地区或整个世界，其经济增长率与美元增长率的关联曲线更靠近直线，其次是通货膨胀率与美元增长率的关联曲线，最后是出口（进口）/GDP 与美元增长率的关联曲线。这表明美元发行对东亚及太平洋地区，和整个世界经济增长的影响大于对通货膨胀和出口的影响。在北美、南亚地区和美国，其通货膨胀率与美元增长率的关联曲线更靠近直线，其次是经济增长率与美元增长率的关联曲线，最后是出口（进口）/GDP 与美元增长率的关联曲线。这表明美元对这些地区通货膨胀的影响大于对经济增长和出口的影响。从图 6-1 至图 6-4 还可以观察到，在大约 1975 年以后，各条曲线与直线的距离更近一些，这表明在 20 世纪 70 年代中期以后，各地区经济发展指标与美元增长率的关联程度更高一些，即美元发行对这些地区及世界经济发展的影响更大一些。

4. 计算关联度

关联度分析实质上就是对时间序列数据进行几何关系的比较，若两序列在各个时刻点都重合在一起，即关联系数均等于1，则两序列的关联度也必须等于1，同时，两个比较序列在任何时刻也不可能垂直，所以关联系数均大于0，故关联度也都大于0。因此，两序列的关联度便以两比较序列各个时刻的关联系数之平均值计算，即：

$$\gamma_{0i} = \frac{1}{N} \sum_{K}^{N} L_{0i}(k) \qquad (6-23)$$

其中，γ_{0i} 为子序列 i 与母序列 0 的关联度，N 为比较序列的长度（即数据个数）。

由表 6-3 可知，美元增长率与美国经济增长率和进口的关联度小于各地区及整个世界相关指标的关联度（南亚出口/GDP 除外），美元增长率与美国通货膨胀率的关联度大于各地区及整个世界该指标的关联度（北美除外），这表明美元增长对美国通货膨胀的影响大于对经济增长的影响。对东亚和北美地区，其出口/GDP 与美元增长率的关联度大于经济增长率的关联度大于通货膨胀率的关联度，这表明美元增长率对该地区出口的影响大于对经济增长和通货膨胀的影响。

表 6-3　美国 M2 增长率与其本身及各地区 GDP 增长率、通货膨胀率和出口/GDP 灰色关联度

地区	美国 M2 增长率	GDP 增长率	通货膨胀率	出口（进口）/GDP
东亚	1	0.746536	0.689444	0.757163
北美	1	0.724112	0.750692	0.757562
南亚	1	0.702468	0.714186	0.646445
世界	1	0.706391	0.696325	0.704405
美国	1	0.683264	0.725383	0.684806

综合关联曲线和关联度的情况，可知美元增长率与世界出口、经济增长率关联度较高，尤其是在东亚及太平洋地区。而与美国经济增长率的关联度均小于其他地区及整个世界，与美国通货膨胀率的关联度要高于其他地区及整个世界。这表明美元发行对世界经济增长的影响要高于对美国经济增长的影响。

6.4　分析结论

6.4.1　国际货币主导权对世界经济有重要影响

国际货币主导权国的货币发行对世界经济有着重要影响。通过世界经济核算两国模型分析发现，国际货币发行在不同情况下对货币发行国、他国及世界经济的影响程度和方向不尽相同。在两国模型中，假定两国资源均为未被充分利用，国际货币主导权国发行国际货币，对货币发行国经济增长的影响取决于新增货币用于国内支出与国外进口的比例关系，如果新增货币最终转化为国内支出大于国外进口支出即 $\alpha + \beta + \gamma - \delta > 0$，则增加国民收入，引起经济增长；反之，则国民收入减少，导致经济减速。而对他国和世界经济增长有正的影响作用。在国际货币主导权国资源被充分利用、非主导权国资源未被充分利用的情况下，主导权国发行国际货币，只能推高货币发行国通货膨胀率，但对他国和世界经济增长有正的影响作用。在两国资源都被充分利用的情况下，主导权国增发国际货币，对货币发行国、他国和世界经济增长没有作用，只会推高货币发行国、他国和世界的通货膨胀率。

6.4.2　美元发行对世界经济增长的贡献大于美国

美国掌握着国际金融主导权，尤其是国际货币主导权，即国际货币美元的自主发行。通过对 1961—2011 年美元增长率与东亚等地区、整个世界和美国的经济增长率、通货膨胀率和出口（进口）/GDP 的灰色关联分析发现，美元增长率与美国经济增长率的关联度低于与东亚等地区及整个世界经济增长率的关联度，这显示美国增发美元对其他地区及整个世界经济增长的影响大于对本国经济增长的影响，这与世界经济核算模型的分析结果是一致的。而且，美元增长率与东亚等地区及世界经济增长率的关联度大于与通货膨胀率的关联度，这也显示美元发行对世界经济增长的影响大于对通货膨胀的影响。这是美国"美元流出—贸易逆差"的国际资本贸易循环体制，在为世界经济发展提供了流动性和资本供给的同时，也为世界经济发展，尤其是新兴国家和发展中国家出口提供了广阔的市场。

6.4.3 国际货币主导权具有负外部性

上述结论表明，国际货币主导权国的货币政策（增发货币）具有正外部性，能促进他国或世界经济增长（这在以上的理论与实证分析中都得到证明）；另外，它也具有负外部性，即它削弱了其他国家货币政策的主动性和独立性，其他国家要随着主导权国的货币政策而被动应对。如2008年金融危机爆发以来，美国（国际货币主导权国）实施的多轮量化宽松货币政策，无论是该政策的实施与退出都造成了包括中国在内的许多国家货币政策的被动与困境。当美国实施量化宽松政策，向市场提供流动性时，美元因巨额供给而不断贬值，这样使其他国家尤其是中国等新兴市场国家面临货币升值、通货膨胀、资产泡沫等风险。当美国量化宽松政策退出时，美元升值，其他国家面临货币贬值、资本外逃、资产价格泡沫破灭等风险。

6.5 本章小结

本章从理论与实证两方面分析了国际货币主导权国对世界经济的影响。通过构建世界经济核算两国模型分析发现，国际货币发行对世界经济发展有重要影响。总体而言，国际货币发行对他国和世界经济增长的影响大于货币发行国。以1961—2011年间美国和美元为例的实证分析也证明了这一点，美元发行与世界经济增长，尤其是东亚地区经济增长成正相关关系，而与本国经济增长关系不明显。这表明，美元发行对世界经济有着重要的影响，美国通过发行美元，既为国际经济交往提供流动性和清偿手段，也为东亚等世界其他地区经济增长提供出口空间。但是，美国的美元政策也使其他国家面临货币政策独立性的丧失、汇率波动风险、通货膨胀风险等，并且美国通过为世界提供美元实施金融霸权，而获得了非经济增长方面的巨大利益。

第7章

国际金融主导权转移的趋势

世界大国或大国集团间的相互制约形成的相对稳定的国际力量结构构成一定时期的世界格局，这种格局也是世界权力的一种分配格局。世界格局包括政治格局和经济格局，根本上是世界经济格局决定政治格局。国际经济格局的变化进而影响并决定着国际政治格局的变化。国际金融体系是世界权力体系的一部分，国际金融主导权是世界权力的一个具体内容。世界格局的变化决定着国际金融体系的变化，进而决定着国际金融主导权在大国或大国集团间的移位或分配。本章以对未来世界格局变化的分析为基础，预测国际金融体系未来的可能方向，以及国际金融主导权转移的可能趋势。

7.1　世界格局的变化

7.1.1　世界格局的变化历程

所谓世界格局必然是建立在世界体系之上的，世界体系形成之前也无所谓世界格局。世界体系是在资本主义世界体系形成之后，经济全球化和一体化发展的必然结果。自从资本主义世界体系形成至今，世界格局可以分为四个变化历程，其中第一次世界大战、第二次世界大战、苏联解体是变化的节点。

1. 16 世纪至"一战"前：资本主义殖民体系

从 16 世纪到第一次世界大战前，世界形成了以欧洲为中心的资本主义殖民体系。在重商主义理论的指导下，欧洲各国纷纷以赚取黄金或掠夺黄金作为增加财富的手段。新航线的开辟和新大陆的发现，加强了欧洲各国与世界各国和各地区的联系。第一次工业革命的爆发极大地推动了欧洲资本主义生产关系的形成和生产力的发展，推动了世界贸易的发展和世界市场的形成。经过几百年的发展，逐步形成了以欧洲为中心的资本主义世界体系和世界市场。在这个体系中，欧洲向世界各国输出工业产品，世界各国向欧洲输入原材料和黄金。但这种交易是建立在不平等交换的基础上的，为了控制世界各地的原材料供应地和工业品的销售市场，欧洲列强对世界各地区、各民族实行了殖民统治或半殖民统治。到 19 世纪末 20 世纪初，整个世界是以欧洲为中心，其他地区为殖民地（美国除外）的资本主义殖民体系。

2."一战"后至"二战"：凡尔赛—华盛顿体系

到 20 世纪初，资本主义发展到帝国主义阶段，资本主义国家之间政治经济发展不平衡加剧，帝国间对殖民地的争夺变得尤为激烈。在殖民地的争夺中，先后形成了德、意、奥三国同盟和英、法、俄三国协约关系，在国家间利益矛盾不可调和的情况下，终于爆发了第一次世界大战，并以德、意、奥失败收场。第一次世界大战使帝国间的力量发生改变，以欧洲为中心的世界格局不可持续，美国作为一个后崛起的非欧洲的西方国家，加入战胜国的队伍中要求重新瓜分世界，帝国间关系需要调整，并先后签订了《凡尔赛和约》与《九国公约》。《凡尔赛和约》对战败国德国实施了赔款、割地等苛刻的制裁，对欧洲、中东和非洲的统治秩序进行了调整；《九国公约》打破了日本对中国的独占局面，美国实现了在中国的"门户开放"政策。中国作为战胜国并未得到应有的回报，原因只有一个，就是中国太弱。美国从此登上了世界历史的舞台。这一阶段，整个世界由西方列强控制的世界格局未变。

3."二战"后至 1991 年：雅尔塔体系

在经历 1929—1933 年的资本主义经济大危机之后，帝国主义之间的力量发生了新的变化，德、意、日形成了法西斯的侵略集团，不断发动侵略，引起世界反法西斯联盟的形成，第二次世界大战爆发，结果以正义的反法西斯联盟的胜利结束。美国、苏联作为第二次世界大战中的中坚力量和第二次世界大战后的两个超级大国，按照雅尔塔会议确定的原则重新划分世界版图和势力范围。雅尔塔体系对保证战后的和平稳定与经济重建，阻止世界法西斯主义的东山再起起到重要作用。但是分属于社会主义阵营和资本主义阵营的苏联与美国之间的竞争与博弈从未停止，直到 1989 年的东欧剧变和 1991 年的苏联解体，美国和苏联两极世界格局结束。

4. 1991 年以后："一超多强"

苏联解体之后，美国成为世界唯一的超级大国，世界上再也没有其他国家能与美国抗衡，这为其以后的单边主义行动提供了战略空间。在美国之外有许多大国、强国，如传统的资本主义发达国家英国、德国、法国、日本、意大利、澳大利亚、加拿大；如发展中国家中国、印度、巴西、俄罗斯等。这些国家无法左右世界格局的情况正在慢慢发生改变。

7.1.2　决定世界格局变化的因素

从上述世界格局的变化历程可以看出，从 20 世纪开始，世界格局变化频繁。导致世界格局变化的原因有很多，根本原因在生产力水平和科技创新能力的提高所导致的国家间实力不平衡变化，引发世界格局变化的直接动因往往是战争或其他重大国际事件。

1. 世界格局变化的根本原因：生产力的发展变化

世界格局的变化历程与近代以来工业革命爆发的路径基本吻合，表明以工业革命或科技革命为代表的生产力的飞跃式发展是导致世界格局变化的根本原因。科学技术是第一生产力，这是经过近几个世纪的实践检验的真理。近代以来，人类经历了三次大的科技革命。

第一次是 18 世纪 60 年代起源于英国的工业革命，然后迅速传播于欧洲大陆。这次工业革命的爆发与发展使人类进入了蒸汽时代，英国以及欧洲大陆掌握了当时的最高科技水平，也代表着最发达的生产力。因此，以英国为主角的欧洲发展成为世界的中心，形成了资本主义殖民体系。第二次科技革命发生于 19 世纪 70 年代，德国和美国成为这次科技革命的急先锋，由此人类进入了电气化时代。德国随着科技水平和生产力水平的提高，综合实力大幅提升，并积极寻求更大的世界权力和国家利益，最终引发第一次世界大战。战败后形成了英、美、欧的凡尔赛—华盛顿体系。第三次科技革命发生于 20 世纪四五十年代，人类由此进入了电子计算机时代，美国成为这次科技革命的主角，也获得了世界最强大的生产能力和科技水平，积累了大量的财富，成为世界超级大国。

第四次科技革命正悄然发生，人类将逐步迈向信息化智能化万物互联时代。前三次科技革命中国都错失了，这次科技革命中国正迎头赶上，暂时不输于任何国家，在 5G 通信等一些领域已经进入了领头行业，中国华为已经成为全球通信巨头。

2. 世界格局变化的直接原因：大国间力量的消长

世界格局的几次变化，世界舞台的主角几次易主，是主角综合实力消长，以及强国间博弈的结果。如英国在 17 世纪末期经过光荣革命后确立了资本主义制度和稳定的国内环境，为其后来率先进行工业革命奠定了基础。英国依靠其强大的生产力和先进的科技水平，通过"海权—贸易—殖民"贸易模式，在 18 世纪初发展成为世界经济霸主和海上霸主，成为世界第一强国。这成为这一阶段世界格局的基本特征。美国在经历 19 世纪中后期的南北战争之后，迅速抓住第二次科技革命的契机，凭借"西进运动"开拓的广阔市场和丰富的原材料，迅速强大起来，到 19 世纪末，美国超越英国成为世界第一工厂，一跃成为世界头号资本主义强国。两次世界大战使英国等传统资本主义强国实力大减，美国不仅实力未减，反而大发战争财成为超级大国。战后，苏联和美国成为经济军事实力最强的超级大国，不分伯仲。

3. 世界格局变化的推动因素：战争或重大国际事件

随着大国间实力的此消彼长，世界格局发生变化、世界舞台主角易主是必然的，但是发生时间具有一定的偶然性，往往需要战争或其他重大的国际事件作为导火索，或直接推动。如第一次、第二次世界大战的发生成为了两次世界格局发生变化、主角移位的直接动因。东欧剧变和苏联解体成为第三次世界格局发生变化的直接动因，苏联解体直接导致两极世界格局的一极不存在了。可以看出，世界格局的变化，是世界强国间力量消长集聚变化到一定程度的结果，导致这种格局变化的形式可能是革命式的，也可能是和平式的。

7.1.3　世界格局变化的方向

根据世界格局变化的根本原因和直接原因，可以看出生产力水平和综合实力是影响世界格局走向的关键因素。随着时间的推移，目前"一超多强"的世界格局难以为继，美国的超级大国的优势地位不断被削弱，欧盟和新兴国家实力在不断增强，世界格局未来将朝着"多极化"方向发展。

1. 美国的相对实力下降

无论在经济、科技、军事方面，美国至今仍是世界第一强国，但它的相对优势正被不断削弱。自从 1991 年苏联解体之后，世界上再也没有其他国家或联盟能与美国抗衡，美国成为名副其实的世界霸主。然而 2003 年的"9·11"事件，粉碎了美国无所不能、天下无敌的美梦，恐怖主义成为美国的头号大敌。为此，美国先后发起了阿富汗战争和伊拉克战争。但是，美国能决定战争什么时候开始，以什么方式开始，却不能决定什么时候结束并以什么方式结束。十年的战争既没有消除恐怖主义威胁，也未在中东树立起"民主"榜样，似乎美军走到哪里就乱到哪里，已经成为定律。阿富汗是如此，伊拉克是如此，利比亚更是如此。

2008 年起源于美国的金融危机，使人们对美国成熟的市场经济体制也产生了怀疑，而且其在危机之后一系列不负责任的政策更是削弱了人们对美国和美元的信心。如今危机已过，美国经济也在缓慢复苏之中，但是美国高达 120% 以上的政府债务始终是悬在美国头上的一把达摩克利斯之剑。美国政府和民众的"负债消费"模式也是不可持久的。

特朗普总统上台高喊"美国优先"的口号，高举"逆全球化"的大旗，向世界开炮，对中国、加拿大、欧盟、印度等国家和地区发起了一系列贸易战，开历史前进的倒车，加深了美国不负责任、不值得信赖、自私自利的国际形象，消耗了美国的软实力，削弱了美国的国际影响力。

因此，美国作为超级大国的地位也将随着实力的相对下降而下降，霸主地位将不保。当然，也必须清楚地认识到，无论如何，美国在未来很长一段时间仍是综合实力最强的国家。

2. 欧盟的整体实力增强

欧盟作为一个整体，无论从人口、市场规模和经济总量方面比较，都超过美国，欧盟成为世界上最大的经济体。自欧元发行以来，欧盟经济一体化进程快速发展，这既增强了欧盟对外的整体竞争力，也减少了欧盟内部各国间贸易的交易成本。虽然 2010 年爆发的以希腊五国为核心的欧债危机，引起了欧盟经济发展的震荡，并暴露出欧盟经济一体化的制度缺陷。但欧盟恰好可以以这次危机为契机，进一步整合财政政策，形成统一的货币和财政政策以应对债务危机，在这方面已经做出了不少成绩。在政治与外交方面，2010年，欧盟开始实施具有宪法性质的《里斯本条约》，选出了具有主权国家元首性质的欧洲委员会主席，并设置了具有主权国家外交部性质的外交署。在军事防御方面，2010年11月，英、法两个军事大国签订了军事协议，创建了名为"联合远征军"的快速反应部队，实现核军备共享和航母联合使用等举措，这对推进欧盟实现共同防务具有里程碑意义。

随着欧盟在经济、政治、外交、军事等方面的进一步统一和一体化，一个更具联邦色彩的欧洲正在形成，欧盟的影响力不断扩大，在全球事务中的话语权也在不断增强。欧盟将成为未来世界多极格局中的重要一极。但是，也必须清楚地认识到，随着英国脱欧，欧盟的离心力在加大，各成员国反联盟的左翼政党纷纷上台，使欧盟整合面临着艰巨难题。

3. 新兴国家快速崛起

在西方国家经历恐怖主义、金融危机、债务危机困扰止步不前时，以巴西、俄罗斯、印度和中国为代表的新兴市场国家正在新世纪迅速崛起，它们被高盛首席经济学家吉姆·奥尼尔称为"金砖国家"①。中国自2010年超过日本成为第二大经济体，2018年GDP总量为90.03万亿人民币，接近日本经济总量的3倍（2.77倍），是欧洲三强（德国、法国、英国）经济总量的1.5倍，达到美国经济总量的66.3%。到2018年末，中国外汇储备3.07万亿美元，是全球最大的债主国。在进出口贸易方面，中国自2013年超越美国成为全球货物贸易第一大国以来，中间除了2016年由于受短期市场因素的影响被美国反超屈居第二外，其他年份都保持着世界第一贸易大国地位，2018年更是首次超过30万亿人民币（4.62万亿美元），与美国（4万亿美元）的差距正在拉大，中国在世界贸易中的大国地位更

①欧尼尔在2001年的《全球需要更好的经济"金砖"》一文中首次提出了"金砖"概念，巴西、俄罗斯、印度和中国的英文单词的首字母组合（BRIC）与英文的砖（Brick）相近，故称"金砖国家"，旨在表达对其经济高速增长潜力的赞誉。

加巩固①。中国经济增长对世界经济发展的贡献连续多年保持在30%以上。中共十九大报告指出，中国已经进入新时代，正日益走近世界舞台中央。随着习近平新时代中国特色社会主义思想成为全党、全国、各族人民行动的理论指导，将助力中国在未来迈上世界格局中新的台阶。近年来，随着中国国力的逐步增强和积极参与国际事务，中国极大地提高了国际影响力，中国负责任的国际形象被逐渐认可。

印度是仅次于中国的第二大发展中国家，拥有世界第二的人口，在2025年左右将超越中国成为世界第一大人口国，消费市场空间和人才资源潜力巨大。从2014—2018年，印度经济连续五年保持高速增长，稳居大型经济体首位；2018年印度经济总量排名世界第六。根据世界银行（IBRD）的预测，以目前的增长速度，到2030年，印度将成为世界第二大经济体，世界第一大经济体是中国，美国将滑落成为世界第三大经济体。虽然印度在2030年超越美国成为世界第二大经济体的概率不大，但是超越日本成为世界第三大经济体是大概率事件。

俄罗斯作为世界第二大石油生产国，在国际油价高企的时代，为其经济发展，增强国力提供了坚实的经济来源；而且其强大的军事实力和联合国常任理事国地位，使其大国地位难以撼动。巴西、南非等国跟中国、印度、俄罗斯一样，经济快速增长，谋求与其经济实力相一致的国际经济地位的愿望是一致的。如今，发展中国家经济规模占到全球经济总量的一半以上。随着金砖国家领导人2009年第一次在俄罗斯会晤，后来逐步建立了金砖国家领导人峰会机制和长期合作机制，并谋求在国际事务中"一致发声"，其整体的国际影响力和地位在不断受到重视和提高，必将成为世界多极格局中的一极。

①数据来源于国家统计局2019年1月统计公报和海关总署统计报告。

7.2 国际经济格局的变化

第二次世界大战后国际经济格局的变化可以分为四个阶段。

7.2.1 "二战"末期到20世纪60年代末：美国称霸世界经济领域

第二次世界大战期间，美国本土远离战场，成为世界资本和人才的避难所，同时美国还通过军火贸易大发战争财。经过第二次世界大战，美国成为独一无二的超级大国，全球最大的债权国，在国际经济中处于绝对的支配地位。德国和日本作为战败国，在经济与安全方面都需要美国支持，英国等其他西欧国家也因战争经济几近崩溃，急需美国支持。战后美国拥有世界最多的黄金储备，并按照美国意志构建了以美元为核心的布雷顿森林体系，美国在国际货币基金组织和世界银行都拥有领导权或否决权。美国通过实施"马歇尔计划"和对日本的援助，达到了控制日本和德国的目的。美国通过实施"第四点计划"，加强对亚非拉国家的技术援助和投资，进而渗透和控制援助国家，实现其国家战略目标。美国对社会主义国家进行经济封锁，以及构建北约组织，形成了两大阵营，进而保障美国的世界经济霸权地位。

7.2.2 20世纪70年代至80年代：世界经济向多极化方向发展

美国经过20世纪60年代的越南战争，财政赤字不断扩大，债券规模逐渐积累，美元危机不断，美元与黄金挂钩的布雷顿森林体系失去了基础，并最终崩溃。进入70年代后期，美国经济发展陷入严重的滞胀状态。美国虽然还是世界第一经济强国，但是相对优势正逐步缩小。

相反，战后的西欧国家和日本经济增长保持强劲势头。西欧各国利用美国的"马歇尔援助计划"，抓住了第三次科技革命发展的机遇，积极推进战后重建和经济发展，工业发展超过了战前水平和规模，尤其是德国的经济发展非常强劲。战后日本也在美国的扶持下，供给朝鲜战争和越南战争的军需物资。日本抓住机遇，制定适当的经济政策，大力发展教育和科技引进，推动经济的持续繁荣，日本进入了经济发展的黄金30年。到80年代，西欧各国家、日本和美国的差距不断缩小，美国逐渐由债权国变为债务国，由国际收支顺差国变为逆差国。

20世纪70年代后期，以亚洲为代表的新兴工业国家和地区经济也快速发展起来。有"亚洲四小龙"之称的韩国、新加坡、中国台湾和香港地区，充分利用发达国家产业转移的机会，承接国际转移过来的劳动密集型产业，大力发展外向型经济，吸引发达国家的资金和技术，鼓励出口，很快成为亚洲新兴的发达国家和地区。

7.2.3　20世纪80年代后期至90年代初：区域集团化发展

自80年代后期，区域集团化发展明显。欧洲从原来的欧洲共同体，到90年代形成欧洲联盟，用同一个声音对外说话，建立欧元区，使用统一的货币。美国、加拿大和墨西哥，于1992年签订了自由贸易协定，建立了世界首个由发达国家与发展中国家建立的自由贸易区，形成了经济互补的发展关系，促进了经济发展。为了推动亚太地区经济合作，形成自由开放的投资贸易环境，促进地区经济一体化发展，1989年11月5日至7日，澳大利亚、美国、日本、韩国、新西兰、加拿大及当时的东盟六国在澳大利亚首都堪培拉举行APEC首届部长级会议，正式成立了亚太经合组织（APEC），形成了亚太地区级别最高、领域最广、影响最深的经济合作机制。

7.2.4　20世纪90年代后期至2015年：经济全球化快速发展

随着国际贸易的高度发达、国际资本的全球流动、国际分工的进一步细化，国际经济的相互依赖、相互分工合作越来越紧密，全球经济一体化的趋势越来越明显，这就是经济全球化发展。自20世纪90年代到2008年国际金融危机的爆发，这段时期经济全球化得到快速发展。由于信息技术的成熟与普及，信息传播的速度快速提高、成本大幅下降，地域之间、国家之间的空间限制被迅速打破。尤其是20世纪90年代以后，计算机和互

第7章　国际金融主导权转移的趋势

137

联网技术的快速发展，为经济全球化发展奠定了坚实的技术基础。跨国公司通过在全球范围内设立子公司或分公司，在全球进行采购、生产安排、产品销售，进而将全球市场紧密的联系在一起，成为经济全球化最合适的企业组织形式。此外，自20世纪90年代以后，传统的计划经济体制国家纷纷改革实行市场经济体制，并采取对外开放的政策，为经济全球化发展创造了良好的制度环境。

7.2.5 2016年至今："逆全球化"危机浮现

2016年英国脱欧公投通过，特朗普反超一直被看好的希拉里当选美国第45届总统，以及特朗普一手推动的贸易战、筑边境墙和移民控制等一系列"黑天鹅"事件的爆发，成为近年来"逆全球化"危机浮现的标志。"逆全球化"是与全球化大势背道而驰的。经济全球化促进了商品和资本流动、科技和文明进步、各国人民交往、民生福祉提高，已经成为人类社会发展的必然趋势，是不可逆转的时代潮流。以美、英为代表的曾经的全球化的积极倡导者和实践者，如今为了转移国内矛盾，最大限度地攫取经济利益，全然不顾国际责任与担当，成为"逆全球化"的积极煽动者和坚定执行者。本质上体现了英、美等发达国家在高举新自由主义旗帜推动经济全球化，攫取全球经济利益的同时，没有处理好经济失衡、贫富差拉大、社会分裂等国内问题的深层次问题。现在又因一己之私，反过来推行"逆全球化"举措，在2008年全球金融危机以来，世界经济复苏并不稳定的情况下，增加了未来世界经济发展的极大的不确定性。

7.3 国际金融体系的变化

国际金融体系是世界体系的一部分，国际金融体系的变化取决于世界格局的变化。但是国际金融体系又是一个相对独立的系统，有其自身的特点与规律。首先，当前的国际金融体系仍具有其内在的制度缺陷，不能适应全球经济快速发展的需要，国际金融体系必须改革。其次，在世界格局发生变化的同时，国际金融格局也在悄然生变，国际金融体系中的新兴国家和新兴势力必然要求相应的国际金融权力分配，国际金融体系必须改革以反映这种诉求。

7.3.1 当前国际金融体系的缺陷

1. 特里芬"两难"的内在缺陷

以美元与黄金挂钩、各国货币与美元挂钩的"双挂钩"为特征的布雷顿森林体系崩溃了，但是由主权国家货币充当国际货币的特里芬"两难"的矛盾并没有解决。牙买加体系可以说是一个不成体系的体系，美元作为国际货币的地位不仅没有被削弱，反而被加强，以前美元发行的黄金约束再也没有了。美元成为不受任何约束的国际货币，美联储成为不受国际监督和管理的世界中央银行，执行着国际货币发行的职能却不需要对国际义务负责。正因为如此，在此体系下，特里芬"两难"的问题变得更为严重。在布雷顿森林体系下，美元作为国际货币的两难问题是：如果美国国际收支保持顺差，那么国际货币就不能满足国际贸易发展的需要，出现清偿力不足的问题，即美元荒；如果美国保持国际收支逆差，则会造成美元过剩，国际社会对美元按固定比价兑换黄金的信心不足的问题，即美元灾。在牙买加体系下，美元发行不受黄金等任何约束，美国可以肆无忌惮地发行美元，廉价享用世界资源，结果导致现在美国的巨额财政赤字和贸易赤字，美国高额的政府债务随时都有爆发危机的可能。

2. 美元本位制蕴藏着巨大风险

牙买加体系本质上是美元本位制，这种体制隐藏着巨大风险。首先，美元本位制造成美国国内经济严重失衡。美元的国际循环模式，造就了美国通过贸易逆差过度消费，新兴国家通过出口过度储蓄，使美国与世界经济相互依赖的程度越来越紧密。但是这种在一定时期内"共赢"的模式不可长久持续下去，一旦美国高额负债不能偿还，就会发生债务危机，进而是美元危机，以及金融经济危机，并迅速扩张至全球，本轮金融危机就是这种风险爆发的一种预演。其次，美元本位制加大了新兴国家货币政策和贸易政策的难度。在"美国负债消费，新兴国家出口储蓄"的国际贸易和分工的全球经济模式下，新兴国家被动地储备巨额美元外汇，巨大的流动性输入国内，推高国内资产价格，吹大资产泡沫。同时，新兴国家的贸易及经济发展都受美国的贸易政策和经济周期严重影响。最后，美元的利率和汇率调整具有巨大的负外部性。美国的利率和汇率政策的调整往往引发其他国家宏观经济的震荡，甚至成为引发金融危机的导火索。

3. 国际金融机构体制的不合理

以国际货币基金组织和世界银行为主的国际金融机构是布雷顿森林体系的产物，布雷顿森林体系崩溃以后，国际金融机构改革一直未取得实质性进展，因其存在制度设计缺陷、制度思想僵化、危机管理缺失等问题，以至于远不能适应新时期全球金融经济发展的需要。首先，国际金融机构在投票权分配、份额分配，以及高管遴选方面均存在不合理现象。在国际金融机构中，少数发达国家的投票权占绝对优势，美国在国际金融机构中"一国独大"，美、英、法、德、日五国在国际货币基金组织和世界银行的总投票额分别为38.37%和37.29%，投票权决定着决策权，过度集中的投票权实际上意味着拥有否决权。而决定投票权的份额计算与调整却具有巨大的随意性和不公平性，导致每次份额计算时，发达国家在国际经济中的分量被夸大，新兴国家的分量没有得到充分体现。国际金融机构的高管一直由欧美把控。其次，国际金融机构长期以"华盛顿共识"作为指导思想，并教条地生搬硬套，把市场化、自由化和私有化作为其一切行动的准则和目的，而不顾经济是否健康发展。最后，国际金融机构的危机管理失职。国际金融机构作为国际金融市场的重要监管者和危机处理者，在实践中既未对危机做有效的预测和预防，也未对危机进行有效的处理。

7.3.2 当前国际金融格局的重大变化

1. 美国金融霸权地位动摇

自第二次世界大战后，美国掌握国际金融主导权，布雷顿森林体系崩溃以后，美国凭借其霸权地位实施金融霸权，但次贷危机的爆发，使美国金融、经济大伤元气，美国金融霸权地位动摇。金融业是美国的支柱产业，占美国 GDP 总量的 20%以上，次贷危机的爆发使美国整个金融体系变得更加脆弱，依靠政府救助的金融体系的基础也变得极为脆弱。次贷危机之后，为了避免大规模的金融机构倒闭和更大的灾难，美国政府积极行动，对处于危机状态的大型金融机构进行直接救助，目前美国政府持有 20 多家大型金融机构债券并担保整个银行系统的核心债券。这对阻止危机的进一步扩散具有积极意义，但也进一步推高了美国政府本已高企的政府债务规模，政府财政赤字和国债规模均创历史新高，以至于不得不一次次提高债务上限，2013 年因债务上限争议，政府停摆近半个月。巨额债务和赤字已成为美国经济的一颗定时炸弹。现在的美国经济增长是建立在巨大的财政风险基础之上的，美国的经济霸主地位开始动摇。

2. 欧盟金融地位受到重创

欧盟经济与美国金融业关系密切，美国次贷危机迅速传导到欧盟，使欧盟深陷危机泥潭。欧盟金融机构大多购买了美国有毒的次级债券，当次贷危机爆发，欧盟金融机构面临大量次级债券资产减值，资产负债表迅速恶化，并迅速传递到整个金融市场。根据国际货币基金组织的估计，欧盟金融机构因次贷危机的损失可能超过美国。整个欧洲金融机构的损失高达1.1 万亿美元。在次贷危机过后刚刚恢复平静，2010 年起，以希腊为首的欧盟主权债务危机爆发。希腊、爱尔兰、葡萄牙、西班牙、意大利均发生主权债务危机，塞浦路斯于 2013 年发生银行危机。欧债危机的爆发，使整个欧元区面临严重的考验，甚至面临欧盟解体和欧元崩溃的危险。虽然经欧盟的积极应对，欧债危机基本得到控制，欧盟经济也在艰难复苏中，但欧盟金融地位受到重创。自 2016 年开始的英国脱欧也为欧盟的发展蒙上了一层不确定性的阴影。当然，如果欧盟能以此为契机，加快一体化或联邦化进程，推动财政、政治、外交、军事的一体化，未来是美好的。

3. 日本金融、实体经济深陷困境

日本自 20 世纪 90 年代资产泡沫破灭以后，屡受次贷危机、海啸和核扩散等灾难的重创，经济一蹶不振，经历了一个又一个"失落的十年"。日本金融、实体经济遭受多重打击，次贷危机后更是严重衰退，甚至比美国衰退更严重。日本与美国的关系比欧盟更密切，日本金融机构购买了大量的美国"有毒"次级债券，因此蒙受巨大损失。日本实体经济也风光不再，日本的电子产品、家用电器等企业如三菱，近年来连年巨亏。安倍首相上台以后，推出了所谓"安倍经济学"的经济政策，以量化宽松的货币政策为实质，在短期内起到了积极作用，但从长期看无助于日本经济结构的调整与转型，无助于日本拉动内需，甚至有经济学家认为，到一定时期会把日本经济推向危险的境地。因为，长期的日元贬值政策和宽松货币政策将增加日本企业的生产成本和民众的生活成本，使日本企业和民众不堪重负。

4. 发展中国家金融实力在上升

中国和印度作为两个最大的发展中国家，因为金融业的半开放或基本封闭的状态，受美国次贷危机的影响较小。中国金融机构购买的"有毒"次级债券数量有限，印度根本就没有购买次级债券。在次贷危机之后，整个发展中国家经济增长情况普遍好于发达国家，而且没有债务危机的风险，而发达国家尤其是日本和美国都受政府债务风险的困扰。中国在危机之后，加大了人民币国际化和上海国际金融中心建设的步伐，并取得了可喜成就。中国与多个国家签署了货币互换协议，扩大了人民币的使用范围。人民币在东南亚和非洲国家深受欢迎。中国共产党第十八次全国代表大会以后，加大了金融领域反腐和金融业改革的力度，扩大了沪港通、深港通、沪伦通的规模。中国共产党第十九次全国代表大会以后，又加大了金融业对外开放的力度，国际化水平不断提升。金砖银行、丝路基金等金砖国家的金融合作提升了发展中国家的整体金融地位和国际话语权。

7.3.3 国际金融体系发展的可能方向

国际金融体系的核心是国际货币体系。根据世界格局和国际金融格局的变化，以及近年来世界各国各界提出的各种改革的方案，国际金融体系发展的可能方向可以归纳为三种类型：世界统一货币的国际金融体系、多个国际货币的国际金融体系和多个货币区的国际金融体系。

1. 世界统一货币的国际金融体系

现在国际金融体系的根本缺陷就在于由主权国家货币充当国际货币所造成的特里芬"两难"，因此国际金融体系改革与发展的理想方式就是构建一个由超主权货币（即世界统一货币）构成的国际金融体系。其实早在第二次世界大战即将结束时，英国和美国为重建国际金融体系分别提出的凯恩斯方案和怀特方案中，就蕴含着超主权货币的思想。凯恩斯方案设想构建国际清算同盟，并由其发行一种国际货币"班柯"（Bancor），作为各国政府间的结算货币。怀特计划设想设立国际稳定基金，由基金组织发行一种国际货币"尤尼它"（Unita），作为国际贸易计量结算货币。美国凭借其政治、经济、军事优势迫使英国接受了怀特计划，采取了"美元—黄金"本位制，超主权货币的思想未得以实施。在20世纪60年代，由于美元供给不足，出现了美元荒，为了弥补国际流动性不足的问题，国际货币基金组织于1969年设立了特别提款权（SDR），让SDR替代黄金和储备货币成为主要储备资产。SDR蕴含了超主权货币的思想，但在布雷顿森林体系崩溃以后，美元荒变成了美元灾，SDR很快失去了应有价值。

在本轮金融危机之后，建立超主权货币改革国际金融体系的呼声四起。中国人民银行行长周小川于2009年提出了建立超主权货币的构想，美国经济学家斯蒂格利茨也提出了扩大SDR在国际货币体系中的地位的主张。这些主张对克服现有国际金融体系的特里芬难题，避免国际金融市场的大幅动荡具有重要的现实意义，并将成为国际金融体系未来的一个重要演进方向。但是这涉及美国的重大国家利益，以及发达国家之间，发达国家与发展中国家之间的利益博弈，这将是一个漫长的历史过程，在可以预见的未来很难成为现实。

2. 多个国际货币的国际金融体系

美元本位制被认为是本次金融危机的根源，因此，改变美元垄断的国际金融体系成为世界各国的共识。国际金融体系改革的理想方案是上述构建超主权货币，但是该方案在短期内很难实现，不具有现实可行性。建立多元国际货币构成的国际金融体系，成为美国不强烈反对、其他国家可接受的方案。首先，美元独大为美国带来了巨大好处，同时也是造成美国经济结构失衡和美国债务高企的重要原因，并造成美国经济结构调整的艰难。由于美国拥有廉价发行美元换取世界资源的特权，过度消费、超前消费成为其经济发展的主要模式，虽然美国明知这种模式不可持续，但却没有摆脱美元特权的动力和持久力。构建多元国际货币体系，形成与美元竞争的国际金融环境，将有助于美国改变其负债消费模式。其次，构建多元国际货币体系为其他国家货币提供发展的国际空间。随着中国、印度、巴西、南非和俄罗斯等新兴市场国家经济实力的增长，其面临的国际贸易和金融的利益与风险都将增加，它们将本国货币发展成为国际货币的愿望都很强烈。最后，欧元已经成为可以略与美元相抗衡的国际货币。欧元虽经欧债危机信用有所下降，但如果欧盟财政政策得到统一，将有助于巩固欧元作为国际货币的信用基础。多元国际货币的国际金融体系符合前国家主席胡锦涛在 2008 年出席 20 国集团领导人金融市场和世界经济峰会时提出的关于国际金融体系改革的"渐进性"原则，具有现实可行性。

3. 多个货币区的国际金融体系

欧元作为最优货币区理论的成功实践，既是促进欧盟经济一体化进程的重要推力，也为其他地区建立货币联盟起到很好的示范和激励作用。2001 年在上海召开的 APEC 会议上，被誉为"欧元之父"的经济学家罗伯特·蒙代尔声称："未来 10 年世界上将出现三大货币区，即欧元区、美元区和亚元区"。目前欧元区已成为现实，即现在的欧盟部分国家；美元区本来就存在，在拉美部分国家出现了国家货币美元化的现象；然而亚元区并没有像蒙代尔预言的那样变成现实，但不代表没有这种可能。特别是东盟一体化进程的快速推进，以及东盟"10+3"模式的成功运行，为今后东亚以及整个亚洲经济一体化和货币联盟的形成奠定了基础。当然，亚洲各国尤其是中日、中印、印巴等国之间的矛盾及关系的复杂性决定了这一过程将是长期而曲折的。与此同时，拉美国家经济一体化、东非经济联盟、海湾国家经济联盟都在朝着区域统一货币的目标迈进。随着更多区域货币成为现实，美元的流通领域将会被缩小，美元垄断国际货币、独霸国际金融体系的格局将会被改变，并将形成由多个区域货币构成的国际金融体系。

7.4 国际金融主导权体系的可能趋势

世界格局决定着国际金融格局和国际金融体系的发展变化，国际金融格局和国际金融体系的发展变化决定着国际金融主导权的可能趋势，国际金融主导权的分配是国际金融体系改革和国际金融格局变化的核心。本部分将分析国际金融主导权体系未来的三种可能趋势。

7.4.1 趋势之一：多国共享

随着美国实力的相对下降、欧盟整体实力的增强、新兴国家的崛起，国际金融主导权有可能改变过去由一个国家独霸的情形，将由多国共享，即由多国共同主导国际金融事务，最有可能形成美国、欧盟和中国的三足鼎立之势。国际金融主导权未来的这种趋势，也是全球多极化发展的表现和必然结果。

在国际货币主导权方面将形成由美元、欧元和人民币三大主要国际货币与其他国际货币共存的多元化格局。美国经济衰退、美元信用下降、美债危机隐现使美元的霸权地位难以为继；欧元从其欧元区的经济实力和影响力看都是仅次于美元的国际货币，虽经欧债危机其国际地位暂有所影响，若欧盟能统一财政，其国际货币地位将提高；随着中国经济的快速发展、国际地位和负责任大国形象的提升、人民币国际化进程的加快，人民币有望在完成国际化后成为继美元、欧元之后的第三大国际货币，形成美元、欧元和人民币三足鼎立的格局。同时，英镑、日元等老牌发达国家货币，卢比、卢布等新兴国家货币也在国际货币体系中占有一定地位，在世界货币或超主权货币未变成现实之前，国际货币将形成多样化的局势。

国际金融主导权不仅在国际货币方面多元化，而且在国际金融市场、国际金融规则和国际金融组织等方面也将形成多元化格局。第一，国际金融中心多极化发展，国际金融市场由多中心共同主导。目前，纽约、伦敦、香港已构成全球三大国际金融中心，东京、新加坡、法兰克福等国际金融中心也有着重要地位，上海金融中心的国际影响力也在不断增强，这将形成多个国际金融中心共同主导国际金融市场活动的趋势。同时，随着信息技术的发展，国际金融越来越超越地域限制，形成一个扁平的网络平台。第二，国际金融组织的垄断权会被打破，国际金融事务由多边机制协商。国际金融机构改革的重要内容就是增加发展中国家在 IMF 和世界银行的份额，减少欧美发达国家的份额，尤其要削弱美国的否决权，提高发展中国家的话语权，欧美在国际金融组织的垄断地位将被打破。国际或区域性的金融事务，已经越来越多的在多边机制下进行协商，这将成为协商和解决国际金融及其他事务的主要方式。随着世界多极化发展，国际金融主导权将由多国共享，国际金融事务将由多国主导，这将是国际金融主导权可能的发展趋势之一。

7.4.2 趋势之二：货币联盟共享

在各地区经济联盟和经济一体化进程发展到一定程度之后，统一区域货币成为各经济共同体的必然选择。随着类似欧元的各种区域货币的建立，世界上将存在多个超主权的区域性国际货币，国际金融体系将由多个货币联盟构建成新的金融格局，国际金融主导权将由多个货币联盟共享。

在主要新兴国家争取本国货币成为国际货币的同时，区域经济一体化和创立地区统一货币也是抗衡美元霸权、进行经济合作的一项重要内容，建立区域货币联盟、使用统一货币成为地区经济一体化进程的重要目标。欧洲货币联盟和欧元的诞生是一个历史性创举，也是蒙代尔"最优货币区"理论的具体实践。欧元的诞生及运行，既是对美元作为国际货币责任的一种分担，也是对美元霸权的一种制衡。欧元区涉及 18 个国家，人口规模、市场规模、经济总量都与美国相当。欧元成为世界上第一个超越国家主权的国际货币，对其他地区货币联盟和统一货币的发展起到很好的示范和激励作用。

现在世界上有大大小小近 10 个各种各样的共同体、联盟或自贸区组织，这些组织中有很多将建立统一货币作为一个重要的发展目标。如在拉美地区出现了美元化和建立统一货币两种趋势。在 20 世纪 90 年代，拉美地区国家货币美元化的趋势比较明显，阿根廷和墨西哥政府都主张本国货币美元化，并认为实行美元化可以避免汇率风险。但随着拉美债务危机的爆发，许多拉美国家陷入"中等收入国家陷阱"，经济长期停滞不前之后，开始反思美元化政策，并开始去美元化，建立拉美经济共同体，并把实施统一货币作为共同目标。在亚洲尤其是东亚，经济合作、货币合作的进程在进入新世纪以后快速发展，只是近两年来受中日关系的低迷影响而暂缓步伐。东盟模式及东盟"10+3"自贸区的实施，以及清迈协议等对未来东亚经济一体化和货币统一奠定了基础。独联体经济联盟合作的步伐也在加快，2013 年，随着独联体自贸区的生效，货币一体化的议程也得以正式开展。独联体国家本是前苏联成员国，经济互补基础牢固以及地缘政治关系稳定，经济、货币一体化的难度相对较小。

此外还有非洲经济共同体（非洲内部还有东非、南非、北非经济共同体）、海湾国家经济共同体、阿拉伯国家经济共同体等。地缘经济一体化正在世界各地如火如荼地进行，未来可能出现更多类似欧元的区域统一货币及相应的货币联盟，国际金融格局将发生重大变化，国际金融主导权将由多个货币联盟及相应的区域组织掌握。

7.4.3 趋势之三：世界央行主导

国际货币多元化和区域货币联盟是在美元霸权体系下的无赖之举，甚至有学者认为国际货币多元化将是世界的灾难，因为多元国际货币混战，只会导致更复杂更混乱的国际金融体系。同时，亚洲、非洲、拉美国家虽有建立地区统一货币的愿景，但是地缘经济和地缘政治导致的各国之间的利益分歧使这种愿景被实现的难度极大，按照欧元标准，亚元很难面世。反而建立超主权的统一世界货币为亚非拉发展中国家提供了国际货币体系改革的可行前景。在美元霸权地位衰落、欧元国际货币地位上升、人民币国际化进程加快的情况下，美元、欧元、人民币三足鼎立的国际货币体系格局将成为现实，这为中国主张建立超主权国际货币奠定了坚实的谈判和现实基础。

随着经济全球化的进一步深化、世界市场的扩大、世界分工的细化，世界经济越来越紧密，世界经济将不再由一个或几个国家主导或左右，世界的共同利益也将越来越大。世界各国都将成为世界经济的一部分，不能离开世界经济而发展。世界各国之间的政策协调与合作越来越重要，同时世界经济金融也变得更加脆弱，一个局部的危机可能很快传递到整个区域及整个世界，这样将增强各国加强合作的共识。金融是整个经济的核心，货币是金融的中心，因此，创立超主权的统一的世界货币，和协调各国货币、金融政策的世界中央银行，将成为世界经济一体化和全球化的重要结果。创立统一货币、建立世界央行意味着各国货币政策独立性的丧失，但也可以避免汇率风险和世界陷入竞争性货币政策的囚徒困境。虽然建立超主权世界货币的难度将很大，但是也不意味着没有可能。因为世界经济一体化和全球化的进程不可逆转，那么建立世界统一货币和执行世界统一货币政策的央行也不一定就是一种幻想。事实上，历史上存在过超主权的世界货币，即国际金本位制下的黄金，只是未来的超主权世界货币不可能回到黄金，而是信用货币体系下的纸币。在超主权的世界货币成为现实之后，国际金融主导权将由世界央行等国际金融组织掌握。

7.5 本章小结

本章通过对世界格局、经济格局和金融体系变化历程的梳理，分析导致格局变化的原因，预测未来世界格局、经济格局和金融格局变化的趋势。分析可知，自从资本主义世界体系形成至今，世界格局可以分为四个变化历程，即资本主义殖民体系、凡尔赛—华盛顿体系、美苏两极格局和如今的"一超多强"格局。决定世界格局变化的根本原因是生产力的发展变化。在人类经历的三次科技革命过程中，英国和美国分别抢占了第一次和第二、三次科技革命的先机，分别成为蒸汽时代、电气时代和信息时代的引领者。世界格局变化的直接原因是随着经济发展，大国之间实力的此消彼长。同时，偶发的重大国际事件可能成为推动世界格局变化的导火索。据此分析可知，未来世界格局正朝多极化方向发展。

第二次世界大战后，国际经济格局的变化可以分为四个阶段。20世纪40—60年代，美国称霸世界经济领域；70—80年代，世界经济向多极化方向发展；80—90年代初，区域集团化发展；20世纪90年代后期至2015年，经济全球化快速发展；2016年至今，"逆全球化"危机浮现。

国际金融体系是世界体系的一部分，国际金融体系的变化取决于世界格局的变化，但又是一个相对独立的系统，有其自身的特点与规律。首先，当前的国际金融体系仍具有其内在的制度缺陷，不能适应全球经济快速发展的需要，国际金融体系必须改革。其次，在世界格局发生变化的同时，国际金融格局也在悄然生变，国际金融体系中的新兴国家和新兴势力必然要求相应的国际金融权力分配，国际金融体系必须改革以反映这种诉求。

　　世界格局决定着国际金融格局和国际金融体系的发展变化，国际金融格局和国际金融体系的发展变化决定着国际金融主导权的可能趋势，国际金融主导权的分配是国际金融体系改革和国际金融格局变化的核心。因此，国际金融主导权体系有三种可能趋势：由多国共享、由货币联盟共享和由世界央行主导。

第8章

中国争取国际金融主导权的对策建议

国际金融主导权作为国际经济格局、世界格局的重要体现，不仅关系着国际金融秩序的健康稳定，也关系着国际金融主导权拥有国本身的重要经济利益和金融安全。随着国际经济格局的变化，中国虽已经成为世界第二大经济体，第一大贸易国和生产国，但至今人民币非国际货币，中国也未掌握相应的国际金融主导权，这对中国金融主权和金融安全构成威胁。中国必须争取与国家实力和地位相适应的国际金融主导权。基于上一章对国际金融主导权的趋势预测，本章对中国在未来国际金融主导权重构中进行角色定位，并设计相应对策以实现其战略目标。这也是本书写作的归宿与落脚点。

8.1　准确定位中国角色

荷兰、英国和美国是历史上掌握国际金融主导权的三个国家，它们掌握国际金融主导权都是建立在其当时在世界政治经济金融中的霸主地位基础之上的，英国和美国掌握着国际金融主导权，实施着金融霸权，拥有金融霸权地位。中国走和平发展的道路，在政治经济军事等各方面都不谋求霸权地位，因此中国争取的国际金融主导权不同于英美式的金融霸权。根据国际金融主导权的可能趋势和中国和平发展战略，中国争取国际金融主导权的战略目标可以定位为三足鼎立之势中的一足。

欧盟、美国、中国为当今世界的三大经济体，分别占世界经济总量的22.9%、24.1%和16.6%[①]，合计超过世界经济总量的半壁江山。由于中国经济增长速度远高于欧美国家，中国经济总量超过欧美不久将成为现实。

----

①以2018年的数据为基础，数据基于国际货币基金组织统计数据计算而得。

基于人口规模和资源优势，以及世界历史发展的规律，中国在不久的将来超过欧美成为世界第一大经济体，是大概率事件。在中国经济实力增强的同时，中国在国际经济金融中的主导地位并没有得到相应提升，至今中国连市场经济地位都得不到欧美承认。在国际金融领域，仍被欧美掌控着国际金融主导权，中国仅仅是一个金融大国，但远不是金融强国。因此，中国应确立争取与经济实力相对应的国际金融主导权地位，确定成为欧盟、美国、中国三足鼎立中一足的战略目标。

8.2 加快改革发展，夯实国内基础

根据荷兰、英国和美国的历史经验来看，获取国际金融主导权的国家需要具备三个方面的内在要求：一是强大的经济实力作为物质基础，二是完善的金融系统作为市场基础，三是超前的创新能力作为信心基础。中国要争取国际金融主导权，需要从这三个方面入手夯实国内基础。

8.2.1 促进经济转强，夯实物质基础

1. 保持经济稳健发展，增强经济实力

经济实力是其他一切发展的基础，中国要争取国际金融主导权，必须保持经济稳健发展，增强经济实力。英国、美国均是在成为当时世界最大经济体之后逐步获得国际金融主导权。根据这一经验，中国应该保持经济健康稳定发展，避免因经济大幅波动造成的经济不稳定发展，从而使中国成为世界最大经济体。成为最大经济体不是最终目标，而是一个重要转折点，既标示着中国强大的经济实力和经济发展的潜力，也增强中国争取国际金融主导权的经济后盾和世界对中国经济发展的信心。按照购买力平价计算，中国经济规模在 2018 年已经超过美国；按照汇价计算，根据 IMF的预测，中国未来一段时间仍能保持中高速增长，将在 2030 年超越美国。可以看出，要增强中国经济实力成为世界最大经济体，必须使经济增长保

持一个稳健的发展速度，否则不能实现其目标。新一届党中央领导集体虽然没有明确规定经济增长速度的目标值，但确立了经济发展的底线原则（6%左右）。发展是硬道理，没有一定的发展速度，不仅不能解决中国经济社会中现存的矛盾与问题，还会引发更多新的问题或产生现在引而未发的问题。只要中国经济保持在6%左右的增长速度，到2020年就能实现全面小康社会的战略目标，2030年成为世界最大经济体。

2. 加快经济发展方式转型，提高经济质量

中国经济发展不仅要注重数量和规模，更要注重质量。这既是受资源环境和社会承载能力的约束，也是增强国际竞争力的关键。自改革开放以来，我国形成了对外出口导向，对内投资驱动的经济发展方式，依靠要素投入取得了辉煌的经济成就。但是随着我国人口红利的逐步消失，老龄化社会的到来，生态环境的破坏，资源消耗导致的对外依赖度的大幅提高，过去粗放型的经济发展方式已经走到尽头。经济发展方式转变在二十多年前就被提出来，但一直未取得根本性转变。第一，要加快经济结构的调整，尤其是产业结构的调整。发达国家产业结构的顺序是"三二一"，美国第三产业占经济总量的75%以上，日本68%，韩国55%，而中国47%。中国目前的产业结构顺序是"二三一"，中国应该加大第三产业发展的力度。第二，要加快淘汰落后产能，为高科技产业发展提供空间。落后产能既消耗了大量资源，严重破坏、污染生态环境，而且产业附加值低，经济效益和社会效益都不高，因此必须淘汰。如中国的钢铁产业严重过剩，在2013年，中国钢产量超过世界总产量的一半，但是中国并没有因此获得相应的经济效益，2012年，中国所有钢铁企业的利润总和还不如三大国际铁矿石企业的利润。这些年经过去产能，情况大有改观。第三，要加快战略新兴产业和高科技产业的发展，要跟上新一轮科技革命浪潮。中国已经是制造业大国，但还不是创造大国。中国应该在新兴产业和高科技产业方面尽量缩小与发达国家的差距，扭转中国处于国际产业链的中低端的不利地位。中国不应成为低端制造的代名词，应该在高中低各个领域都占据一定地位。

3. 加强民生工程建设，提高人民生活水平

民生工程直接关系到人民群众的根本利益，有利于提高人民的生活水

平。加强民生工程建设，既可以改善人民生活条件，也有助于扭转我国经济发展长期存在的内外失衡。中国消费水平不高，而储蓄率高的主要原因在于两点：一是社会保障水平不高，医疗、教育和住房成本高，挤压了其他方面的消费开支；二是人民的劳动收入在国民收入分配中的比例较低，绝大部分人们除了劳动收入外没有财产性收入。因此需要从以下几个方面入手：第一，继续完善社会保障体系，提高社会保障水平。现在中国基本实现了医疗保险全国覆盖，但是农村养老保险的覆盖率还很低，并且水平也很低。中国农村人口比例仍然高达40%以上，养老保险的缺失是制约消费的重要因素之一。第二，继续加大医疗、教育、住房等具有准公共产品性质的供给机制改革。医疗经近几年的改革，看病难、看病贵的情况有所缓解，但是并没有得到根本性转变；在教育方面，我国的基础性教育和学前教育总体资源匮乏和资源分配不平衡状况十分严重，这也是导致如今教育不公的重要原因；住房方面问题更加严重，商品房价格自2000年以来平均上涨了10倍以上，保障房存在供给不足和供给不公的严重问题，住房成本高成为当前影响人们生活水平的最重要因素，也是当前最重要的社会问题之一。第三，加快收入分配制度的改革，提高居民在国民收入中的分配比例，缩小高中低收入差距。

8.2.2 完善金融体系，夯实市场基础

1. 完善金融市场体系，促进金融机构的有序竞争

党的十八届三中全会提出的"市场化"改革将是今后深化全面改革的总方向和基本原则，并提出了"完善金融市场体系"的要求。市场化改革就是要使市场在资源配置中起决定性作用，而金融市场是进行资源配置的核心，只有更加市场化的金融市场才能解决中国经济结构中资源配置不合理的根本性矛盾。然而，中国金融体系市场化程度不高，金融呈现出高度垄断，竞争不充分的严重现象，因此建立市场化更加充分的金融体系迫在眉睫。第一，建立科学合理的市场准入和退出机制，完善金融市场主体体系。现在的金融市场主体，主要以国有企业或国有控股企业为主。以银行业为例，中国四大国有控股商业银行占市场70%以上，四大行已经到"大

国际金融主导权：形成与转移

到不能倒"的地步。中国需要真正落实好放宽市场准入的政策，允许民间资本进入金融业，形成大中小"金字塔"式的金融主体结构体系。既要有参与国际业务、具有国际竞争力的大型跨国金融企业，也需要真正服务地区经济发展的中小型金融企业，不能一味求大。第二，加强金融市场要素价格的市场化改革，丰富金融产品，形成由货币、债券和资本市场构成的完整的金融市场产品体系。中国金融市场从融资渠道来讲，仍是以间接融资的银行主导型金融市场，而在这种金融体系中，中国银行借贷利率却尚未市场化，这是导致中国金融资源配置不合理的根本性原因，中国必须实现利率市场化。第三，完善多层次的资本市场体系。中国现在已经形成了由上海主板市场，深圳中小板和创业板市场，北京第三版市场构成的资本市场，但是中国资本市场的投融资功能、市场定价等方面均存在深层次的矛盾，需要进一步改革，以完善资本市场体系。

2. 完善金融法制体系，营造透明公正诚信的法治环境

市场经济是法治经济，要保证竞争有序的市场环境，必须要有完善的金融法制体系作保证。金融法制建设的滞后成为阻碍金融领域市场化改革的重要因素：一是现有的金融法制体系中存在大量不合时宜、不合理的法律法规，这些需要进行清理或调整；二是现有的金融法制体系内容的不足，不能反映新形势下的金融发展的全部内容。因此，为完善金融法制体系，应做好以下几方面的工作：第一，修订与经济社会发展不相适应的法律法规。如加快《中华人民共和国中国人民银行法》的修订，以落实中央提出的建立宏观审慎管理制度框架，修订《中华人民共和国商业银行法》和《中华人民共和国银行业监督管理法》中关于限制银行发展的相关规定，制定鼓励民资兴办银行的法规；如修订《中华人民共和国证券投资基金法》中对证券投资基金业的不合理限制，将私募基金纳入法制管理的轨道，修订《中华人民共和国证券法》中对证券上市的相关规定，以适应未来股份制公司上市由审批制向注册制的转变。第二，建立金融信用法律制度，加大金融犯罪的法律惩罚力度。一方面需要制定统一的金融信用法律，使金融信用体系有法可依，如《中华人民共和国金融信用法》《中华人民共和国信用管理法》《中华人民共和国消费信贷法》《中华人民共和国信息披露法》《中华人民共和国个人破产法》等；另一方面要加大对金融

犯罪惩罚的相关立法。第三，加大对投资者权益保护的立法。中国金融系统存在重融资，轻投资保护的习惯，投资者权益受侵害的事件屡见不鲜，应尽快制定《投资者权益保护法》。

3. 完善金融监管体系，提高对金融企业的监管水平

市场化改革是要减少政府对微观经济活动的直接干预，而不是不需要监管，反而政府更应加强监管力度，维护公平公正的市场秩序，保护市场主体的合法权益。中国现存的"一行三会"的监管体系，存在监管范围狭窄，监管机构之间的协调不足，监管能力有限和监管不力等问题。中国应该构建由政府管理机构、金融行业协会和社会公众构成的"三位一体"的金融监管体系。第一，构建权责明确的由中央和地方构成的双重政府监管体系。现在金融监管的权责集中在中央，全国实行统一的监管模式和标准，不利于各地区金融的发展。中央政府管理机构应重点监管大中型金融机构，对其进行金融监管和宏观调控。地方政府则重点监管小微金融机构，如村镇银行、担保公司、小额贷款公司、典当行等。地方政府可以根据当地经济发展的不同情况确立当地的小微金融企业的发展政策。第二，加强金融各行业协会的监管职能，提高行业自律能力。行业协会是一个很好的监管机构，通过行业协会监管达到行业自律的目的。行业协会最清楚本行业的各项业务情况，以及各企业的诚信与信用状况，清楚行业及行业内企业的最新动态，便于发现行业中出现的新情况及存在的问题，能及时发现问题，及时处理问题。第三，加大社会监督力度，尤其是媒体、社会公众的监督与金融企业间的相互监督。

8.2.3 提高综合实力，夯实信心基础

以经济、科技和国防为核心内容的综合实力的消长是世界格局变化的根源，要掌握国际金融主导权必须拥有超前的综合实力，除了经济实力外，科技创新能力和国防军事实力也是重要内容。历史上掌握国际金融主导权的英国和美国无一不是在经济、科技和军事方面领先于世界其他大国。中国要争取国际金融主导权，除了加快经济发展外，还要努力增强科技创新能力和加强国防安全建设，提高整体综合实力和国际竞争力，夯实

世界对中国和中国对自己的信心基础。

1. 增强科技创新能力，引领科技革命潮流

科学技术是第一生产力，是综合实力提高的源泉。英国和美国之所以能分别在19世纪和20世纪成为世界第一强国，掌握国际金融主导权，与其分别引领了第一次和第二、三次科技革命不无关系。18世纪中叶的工业革命起源于英国，然后向欧洲大陆和全世界传播，使人类进入蒸汽机时代。英国在这轮工业革命中占得先机，拥有当时全世界最先进的生产力水平，成为世界工厂，为其成为世界贸易之都和金融中心奠定了基础。而以电灯和电报为核心内容的第二次科技革命，以及以电子计算机、原子能和航空航天等为核心内容的第三次科技革命，都是以美国为先锋，因此美国站在了科技创新的前沿，甚至美国就是高科技的代名词。正因为如此，世界对当时的英国和美国的前景拥有信心，英国和美国对自己也信心十足，英国号称为"日不落帝国"，美国宣称为世界警察并担负维护世界秩序的责任。在这种情况下，世界对它们国家发行的货币也充满信心，英镑和美元成为世界货币，进而掌握国际金融主导权。中国错过了前几次工业革命和科技革命，这也是近代以来中国落后的根本原因之一。因此，中国要赶超发达国家，必须首先提升科技创新能力，引领科技革命潮流，充当科技创新先锋。

2. 加强国防安全建设，构筑国家安全网

国防安全、社会安定是一个国家稳健发展和人民安居乐业的根本前提，而国防与军队建设是根本途径。荷兰、英国和美国在拥有国际金融主导权时，分别都是当时的世界霸主，拥有世界一流的军事力量和坚固的国防安全网。中国要掌握国际金融主导权，必须首先保证自己的国家安全、社会安定。然而目前中国在这方面面临着诸多复杂的严峻挑战。一方面，中国存在世界上最为复杂的领土争端以及外来威胁，中国周边环境面临着复杂化、长期化的矛盾，而且采用和平方式解决的困难重重。另一方面，中国经济社会正处于转型期，各种社会矛盾和问题已经累积到一个即将爆发的临界点，如果处理不及时或不得当，容易引发群体性事件，甚至是社会动荡。因此，中国需要多途径地加强国防安全建设，为国家经济社会发展，人民安居乐业构筑安全网。

第一，必须坚定的发展军事力量，捍卫国家主权，保护国家领土完整，坚决回击各种外来军事威胁，并为和平解决各种领土争端提供坚强的军事后盾。第二，积极参与国际维和行动，遵照联合国宪章精神，树立负责任、维护世界和平的大国形象，同时坚决反对霸权国家干预他国内政，以及发动非正义战争，以维护世界公平与正义。坚决走和平发展道路，不走国强必霸的老路。第三，加强国内安全环境建设，对三种极端势力进行有力打击，同时积极解决好民生问题，及时回应民众关切。并调动一切社会力量和智慧，参与社会安全环境建设。自中国共产党第十八次代表大会以来，中央高层直面这些问题，一方面通过全面从严治党、严惩腐败、扫黑除恶、铲保护伞、纠正冤假错案，还老百姓一个风清气正的社会环境；另一方面全面加强军事改革、高压反腐，深入推进政治建军、改革强军、科技兴军、依法治军，取得了历史性成就。

8.3 推进全球战略，增强国际竞争力

在经济全球化快速发展的背景下，中国要争取国际金融主导权，不仅需要具有坚实的国内基础，也需要具备强大的国际竞争力。自中国加入WTO 之后，中国与世界经济的关系变得越来越紧密。中国经济也得到了前所未有的快速发展，中国经济规模排名从 2001 年的第 6 名，提升到 2010 年的第 2 名，到 2014 年，中国经济规模已是排名第 3 的日本的两倍。可以说，中国是经济全球化发展的受益者，随着中国经济规模的不断扩大，中国经济开放度不断提高，中国必须推进经济发展的全球战略，增强其国际竞争力。所谓全球战略，就是中国经济发展的战略方针都应具有全球视野，从全球布局，注重中长期利益。在中国经济增速下滑、经济增长方式转变、中国巨大的产能过剩、资本过剩的新常态下，全球战略显得更为重要。推进全球战略的主要机构是跨国公司；推进全球战略的主要方式是对外投资；推进全球战略的主要领域是国际经济交往与合作。

8.3.1 鼓励重组兼并，培育跨国公司龙头企业

跨国公司是经济全球化发展的重要推动者，也是国际经济发展的重要组织机构。要在国际竞争中取得优势，必须拥有竞争力强的跨国公司。经过30多年的快速发展，中国企业从小到大，从弱到强，已经有不少成长为大中型企业。在国家实行"走出去"的战略下，许多中国企业已经参与国际竞争，在国际经济交往中成长壮大，并拥有了一定的国际市场份额。但是，自2008年国际金融危机之后，全球经济放缓，国际贸易保护主义抬头，国际投资壁垒加强，国际竞争变得更加激烈。在此之际，中国应该鼓励企业进行重组兼并，优化企业全球布局、整合各种资源，发挥规模效应，培养若干跨国公司的龙头企业。

这种重组兼并，包括国际国内两方面的内容。在国际方面，中国企业可以利用国际金融危机带来的机遇，加大对国际同行优质企业或资产的重组兼并或收购。国际金融危机导致全球经济放缓，国际需求减弱，许多企业增长停滞、资金链出现断裂，陷入财务危机。这其中不乏拥有先进技术、巨大市场份额、优秀的全球供销网络的企业，这为中国企业兼并这些企业带来了绝佳机会。中国现在面临着产能过程、同质竞争、国外恶斗的严重情况，严重影响中国企业的整体形象、规模优势和竞争力。在国内方面，中国企业利用国家推动经济转型升级的战略机遇期，加大国内同行企业或资产的重组兼并，以提高国际竞争力。正如现在正在推进的中国南车和北车的合并，这可以整合南车北车的内部资源，避免同质竞争，增强与国际同行的竞争能力和在国际市场的议价能力。

8.3.2 加大对外投资，发挥特有资源优势

经过30多年的快速发展，中国已经从昔日的资本稀缺大国转变为资本富裕大国，成为全球最大债主国；从以前的单纯吸引外资的阶段发展为吸引外资和对外投资并重的阶段，"走出去"与"引进来"同等重要。2014年，我国对外直接投资规模达1400亿美元，首次超过我国利用外资的规模。自此以后连续四年对外直接投资流量高于吸引外资规模，我国已经从

资本的净输入国成为资本净输出国。我国对外投资流量连续两年位列世界第三。我国对外投资的存量在 2017 年末为 18090.4 亿美元，跃升为全球第二，与排名第一的美国（7.8 万亿美元）存量规模差距仍然较大，仅相当于美国的 23.2%[①]。中国政府积累了世界最大规模的外汇储备，中国居民积累了世界最大的储蓄，这表明中国对外直接投资还有很大的发展空间和潜力。

中国不仅积累了大量的社会资本和财富，也集聚了惊人的生产制造能力。2010 年，中国制造业占世界制造业总产出的 19.8%，首次超过美国；2018 年，中国第二产业增加值 36.6 万亿元（5.38 万亿美元），中国制造业增加值几乎等于美、日、德的总和，是名副其实的世界第一制造业大国[②]。在基础产业方面，中国生产了世界最多的钢铁、电解铝、水泥；在具体产品方面，汽车、计算机、手机、彩电、洗衣机、船舶、工程机械，甚至黄金的产量都超过美国成为世界第一。同时，中国在高铁制造运营、载人航天、建筑工程等方面都具有巨大优势。但是随着中国经济发展进入"经济增速的换档期，结构调整的阵痛期，前期刺激政策的消化期"三期重叠的新常态，房地产和铁路、公路等基础设施建设投资增速减缓，国内投资需求减弱，产能过剩严重。

中国通过"一带一路"倡议，发挥拥有的资本优势和制造优势，加大对其他国家，尤其是发展中国家的投资，可以弥补当地资金不足和制造业落后的劣势，促进当地经济发展。同时也为中国富裕的资本和强大的生产能力找到出路。

8.3.3 扩大经济交往，凝聚合作共赢共识

自改革开放以来，中国对外经济迅速发展，尤其是 2001 年加入世界贸易组织之后，中国的贸易规模不断扩大。2012 年，中国贸易总额首次超过美国成为世界贸易规模最大的国家，并超过美国成为 120 多个国家的最大

①数据来源于中国商务部网站《2014—2018 年度中国对外直接投资统计公报》。

②以 2016 年数据计算，美国制造业增加值 21605 亿美元，日本 10417 亿美元，德国 7176 亿美元，而中国 2016 年制造业增加值 32250 亿美元。数据来源于国家统计局网站《2018 年国民经济与社会发展统计公报》。

贸易伙伴。随着中国贸易规模超过美国，中国在世界经济中的地位和影响力也逐步超越美国，"中国经济殖民论"被不断炒作，美国对这种论调的渲染更加卖力。中国与许多地方的经济交往和合作被渲染成中国对当地的经济殖民。在此背景下，当地也会出现对与中国的经济合作的担忧和质疑。尤其是在2008年金融危机之后，中国加大了对外投资和对外经济合作的步伐，西方媒体更是不遗余力的加大宣传。因此，中国必须通过扩大经济交往，让对方在合作中受益，凝聚合作共赢的共识。

首先，扩大与新兴市场国家的经济交往，凝聚新兴市场国家合作共赢的共识。新兴市场国家，尤其是金砖国家之间既具有谋求共同发展的意愿，也具有优势互补的条件。中国与俄罗斯之间，在能源方面具有天然的合作优势，形成稳固的供求关系；在军工方面除了传统的军火贸易之外，可以通过共同研发、共同制造，扩大合作领域；此外，还可以扩大农业、金融、旅游等方面的经济交往和合作。中国与印度之间，在产业转移和产业链延伸方面，中国可以将部分中低端产业转移到印度，在印度建立基地，设立公司，生产销售；在基础设施建设方面，中国拥有成熟的建设经验与技术、制造能力和资本优势，可以帮助印度加大基础设施投资建设力度。同时，中国应该加大与巴西、南非、墨西哥等国家的合作，扩大合作领域，共享发展成果。

其次，扩大与发达国家的经济交往，凝聚与发达国家合作共赢的共识。随着中国经济的转型升级，中国产业链条不断向中高端延伸，这使中国与发达国家之间的竞争也变得越来越激烈。但是中国与发达国家之间的产业布局、要素优势、科研技术等方面都存在巨大的差异，这为双方合作提供了巨大的合作空间。实践证明，中国与发达国家的经济交往与合作是双赢、多赢的结果。但在金融危机之后，发达国家的贸易保护主义抬头，投资壁垒加强，阻碍经济交往。中国与美国之间，合作大于竞争，但是美国始终抱着冷战思维，高新技术不对中国开放，许多投资领域也不对中国开放。尤其是特朗普总统上台之后，将中国定位为战略竞争对手，对中国开打贸易战，全面开启对华遏制战略。贸易战开打一年以来，中国坚持国家核心利益绝不让步的底线原则与始终敞开对话大门的灵活性相结合，使美国感受到贸易战不仅没有达到预期效果，反而股市异动、经济疲软、民调下滑，最终同意与中国进行对话谈判。当务之急是，中国在深入推进与美国关于贸易投资协定谈判的同时，加大与中、日、韩自贸区和亚太自贸区的谈判。中国与欧盟之间的合作可以成为发展中国家与发达国家之间合作的典范，虽然前些年中欧直接出现了各种贸易摩擦，但总体形势向好，中欧合作共赢的共识不断加强。中国还是韩国、澳大利亚、新西兰等发达国家的最大贸易伙伴，这也是合作共赢的结果。应该继续扩大经济交往，巩固合作共赢的共识。

最后，扩大与亚非拉地区欠发达国家的经济交往，凝聚与亚非拉地区欠发达国家合作共赢的共识。中国与非洲国家的经济交往与合作，有着悠久的历史和成功典范，当前中国在非洲地区的投资力度不断加强，也成为西方国家渲染中国经济殖民的重要原因。中国在当地的投资，为当地经济发展作出了贡献，为当地民众带来了福祉，是受当地欢迎的。但是，各地的文化传统、宗教信仰、法律制度等方面的差异，导致中国企业和人员在当地的经济活动可能与之发生冲突。这就要求我们一方面要了解并尊重当地的文化习俗、宗教信仰和法律制度，另一方面要加大对当地的投入，融入当地的民众生活，让当地百姓切身感受到中方的友善和贡献，让合作共赢的共识在百姓心中扎根。

8.4 抓住重点，先易后难

中国争取国际金融主导权将是一个系统工程，并将是一个长期奋斗的过程。国际金融主导权包含丰富的内涵，包括国际货币主导权、国际金融市场主导权、国际金融规则主导权和国际金融机构主导权。但是每一个具体权力的获得难易程度不一样，并且在国际金融主导权中的地位也不一样。因此，中国争取国际金融主导权应该主次分明，抓住重点，并采取先易后难，逐个攻破的策略。在国际金融主导权的四个主要内容中，国际货币主导权是核心，国际金融市场主导权是重点，并且相对于国际金融规则主导权和国际金融机构主导权而言，也是相对比较容易着手行动的。国际金融机构主导权是显性权力，现在被欧美国家所掌控，要获得这方面的权力，意味着它们要分权或放权，这无异于"虎口拔牙"，是最难撼动的。中国应该将国际货币主导权和国际金融市场主导权的获取当做重点和相对于其他权力获得较为容易的权力，积极行动争取主动，尽早获得。虽然国际金融规则和国际金融机构主导权的获取则相对较难，但是也要积极行动，等到所有工作累积到一定程度，最终自然会水到渠成。

8.4.1 重点之一：实现人民币国际化

国际货币主导权是国际金融主导权的核心，中国要争取国际金融主导权最主要最关键的就是要争取国际货币主导权。争取国际货币主导权本质上就是要使人民币成为最主要的国际货币之一。为此应积极扩大人民币的流通域，实现其国际化，改革人民币汇率形成机制，逐步实现其自由兑换，不断扩展人民币的职能使其成为储备货币和锚货币。

1. 继续扩大人民币的流通域

根据环球银行金融电信协会（SWIFT）2013 年 12 月 3 日发布的报告显示，自 2013 年 10 月起，人民币超越欧元成为世界第二大贸易融资货币，仅次于美元。这对人民币国际化进程来讲是一个巨大进步，当然这也得益于中国国际贸易的发展，2013 年，中国已经超越美国成为世界第一大贸易国，进口额和出口额均为世界第一，这为人民币国际化奠定了坚实的基础。在看到人民币国际化取得成就的同时，应该看到人民币国际化的未来道路依然艰巨。首先，人民币虽为第二大国际贸易融资货币，但与第一大国际贸易融资货币美元之间的差距巨大，美元的市场占有率高达 81.08%，人民币的市场占有率仅为 8.86%[1]。2018 年被欧元反超，跌落为第三大融资货币。其次，作为全球支付货币，到 2018 年 1 月，人民币在全世界排名中占第五名，在近八年来超越 25 个国家货币，踏入国际货币之路，但在全球市场份额中仅占 1.66%；根据 SWIFT 的数据显示，2019 年 1 月，人民币国际支付占比提升至 2.15%[2]。在全球前四大国际货币中，分别包括美元、

---

[1]数据来源于环球银行金融电信协会（SWIFT）2013 年 12 月发布的报告。
[2]数据来源于环球银行金融电信协会（SWIFT）2019 年 01 月发布的报告。

欧元、英镑和日元。SWIFT 2018 年 9 月的报告显示，香港依然是人民币最大的离岸交易中心，其人民币交易数量占离岸人民币交易总量的 76.05%[①]。可以看出，人民币作为国际支付货币的使用地域范围还非常有限，因此，中国应该利用现有优势扩大人民币的流通域。一方面，中国可以利用第一大国际贸易国地位，加大在国际贸易中使用人民币作为支付货币进行国际结算的谈判。另一方面，可以利用人民币作为第二大国际贸易融资货币地位，要求使用人民币融资的国家在国际贸易中使用人民币进行结算和支付。

2. 使人民币成为国际储备货币

货币国际化的一个重要标志就是成为国际储备货币，人民币国际化也要实现人民币成为国际储备货币，只有如此才能实现人民币真正的国际化。人民币国际化已经具备一定的基础条件。第一，中国经济的快速增长和国际贸易规模的逐步扩大，为人民币成为国际储备货币奠定了坚实的经济基础。主权国家货币要成为国际储备货币，就要保证货币价值稳定，即汇率稳定并有升值空间。而经济的稳健发展无疑是保障其货币价值稳定并升值的基础，近年来，中国经济的快速增长及可观的增长潜力正是这种基础的保障。同时，人民币在更多的国际贸易融资和结算中的广泛使用，也为人民币成为国际储备货币提供了使用基础。第二，近年来，中国政府对人民币国际化的积极推动取得了可喜成就。自 2008 年中国央行与韩国央行签订货币互换协议以来，先后与 18 个国家和地区签订了货币互换协议，这些国家央行都持有了一定数量的人民币或人民币计价的有价证券，这本质上就是国际储备货币职能的一种表现。第三，以人民币计价的国债的海外发行，也将扩大各国央行和金融机构对人民币及相关有价证券的持有额度，这将为人民币的储备货币之路打开广阔前景。第四，金融危机之后，各国为促进本国经济复苏而竞相采用的货币贬值政策，也有损其国际货币地位，尤其是美国自金融危机之后的多次宽松量化政策本质上就是货币贬值政策，对美元信用是一种损伤，而人民币在此期间不仅没有贬值，还在不断升值，赢得了国际社会尤其是投资者的青睐。第五，2016 年 10 月 1

---

① 数据来源于环球银行金融电信协会（SWIFT）2019 年 08 月发布的报告。

日，人民币被正式纳入 IMF 的 SDR 篮子中，人民币在其 SDR 篮子中所占权重为 10.92%。但是，人民币成为国际储备货币之路仍将坎坷，尤其是人民币自由兑换，就是需要跨越的一个关键障碍。

3. 实现人民币自由兑换

实现人民币自由兑换是实现人民币国际化的关键一步，也是最重要的一步和最困难的一步。中国应该积极行动，为人民币自由兑换创造条件。人民币不可兑换是长期计划经济的一个遗留问题，在计划经济年代以及改革开放后一定时期，人民币是完全不可兑换的。自 1996 年起，中国实现了国际收支中经常项目的可自由兑换，但是资本项目至今未实现自由兑换，现在常说的人民币自由兑换本质上是指资本项目下的可自由兑换。但是，要实现人民币的可自由兑换，以目前的情况尚需从以下几个方面为其创造条件。

第一，进一步完善中国金融市场，这是实现人民币自由兑换的市场基础。完善的金融市场能够应对各种冲击，具有一定的抗风险能力，然而中国金融机构比较单一，垄断性强，国际竞争力和抗风险能力弱等问题都需要通过改革加以解决；党的十九大以后，中国金融业超预期的对外开放力度将有助于引进大型跨国金融机构、先进的金融管理经验和高层次国际金融人才，强化符合市场规律的竞争机制，优胜劣汰，增强国内金融机构的竞争意识和竞争能力。第二，进一步完善人民币利率市场化和汇率形成机制。利率市场化是使市场成为金融资源配置起决定性作用的关键，非市场化的利率不能充分反映资金市场的供求关系，进而扭曲资金价格。在此情况下，如果实行人民币自由兑换容易导致国际资本的大幅进出，进而引发资本市场动荡乃至金融危机。汇率是反映国际社会对人民币供求的市场状况，只有实现汇率的市场化才能真正反映国际市场对人民币的供求关系。第三，增强微观经济主体的竞争活力。企业是经济社会的微观主体，只有企业具有活力和竞争力，反映经济活力的货币才具有国际竞争力，才能在国际货币竞争中立于不败之地。

8.4.2 重点之二：加快上海国际金融中心建设

伦敦、纽约是当今世界最大的两个国际金融中心或国际金融市场，这是英国和美国掌握国际金融主导权的重要市场基础，也是其掌握国际金融主导权的重要表现，即掌握国际金融市场主导权。加快上海国际金融中心建设，是中国争取国际金融市场主导权的重点之一，也是中国在争取国际金融主导权的进程中可以主动行动的关键步骤，应该落实好《"十三五"时期上海国际金融中心建设规划》的相关部署。

1. 培育具有国际竞争力的大型金融机构

国际金融中心建设除了营造良好的市场环境外，就是要培育具有国际竞争力的大型金融机构，它们是国际金融市场活动的主体，是国际金融市场主导权的实践者、争取者和掌握者。美国之所以能在国际金融市场呼风唤雨，与其拥有世界最强大的大型国际金融机构密不可分，如高盛、摩根等大型投资银行，惠誉、标准普尔等大型国际信用评级机构。这些大型金融机构与政府相互配合、相互支持，在国际金融市场翻云覆雨。一方面，这些金融机构配合落实政府的战略，实现政府的战略意图；另一方面，政府为金融机构开拓国际金融市场，进入他国金融领域扫清政治障碍。美国的信用评级机构和投资银行的言行成为国际金融市场资产价格涨跌、国际资本流动的指挥棒。它们正是利用其这种巨大的国际影响力，牢牢掌握着国际金融市场的主导权（如定价权和话语权）。中国金融机构的资产规模已经达到国际水平，但是中国金融机构垄断性高、市场竞争不充分、抗风险能力有限、国际竞争力明显不足。中国应该加大培育具有国际竞争力的国际型金融机构的力度，培育出中国自己的"高盛"和"标准普尔"。中国应该采取扶持措施，培育像大公国际这样的本土国际信用评级机构，增强在国际信用评价中的影响力和话语权。中国也要培育像中信证券这样的投资银行，使其发展壮大，掌握国际金融资产的定价权和主动权。

2. 加大金融创新力度，活跃金融市场

要建成一个国际金融中心，首先要拥有开放的市场体系和灵活机动的创新机制。而中国的金融开放水平相对其他行业要低得多，中国金融市场长期处于一个相对封闭的状态。中国行政化的金融管理体制，导致中国金融市场和金融机构的创新能力不足。一方面，中国金融产品类别单一、产品规模相对较小、交易不活跃，金融创新不足是重要原因之一。另一方面，金融机构的市场活动受到政府的直接干预较多，金融机构未能真正成为创新的微观市场主体，这些成为上海国际金融中心建设的重要障碍。因此，必须加大金融创新力度，活跃金融市场。第一，加大金融制度创新力度，形成灵活创新的金融体制。加大自上而下的金融制度创新力度，政府坚定市场化方向改革，转变政府职能，形成以间接调控为主的金融调控制度。不断进行增强自下而上的金融创新的力量，提升金融机构在金融创新中的主导地位和关键作用，使金融企业成为金融创新的微观主体和中坚力量。第二，加大金融产品创新力度，丰富金融产品。要深化金融改革，形成以市场需求为导向，以金融市场和金融企业为主体的金融创新机制，不断进行金融创新，丰富金融产品内容，满足投资者需求和经济发展需要。第三，加大金融与产业融合的创新力度，形成金融与产业融合的金融链生态。

3. 完善价格发现、资源配置和风险管理功能

建设上海国际金融中心，争取国际金融主导权的主要目的在于在国际金融市场资产定价、资源配置和风险管理中占得主动权、主导权。完善金融市场功能与建设金融中心是相辅相成的，完善金融市场功能是金融中心建设的重要内容之一，建设金融中心也是为了完善其金融功能，为经济发展服务。建设上海国际金融中心，应从三个方面完善其金融功能。

第一，完善上海国际金融中心价格发现功能，争取金融定价权。价格发现功能包括货币资金价格、金融资产价格、贵金属价格、大宗商品价格等的发现。货币资金价格主要是指利率，反应货币资金供求关系，利率市场化是资金价格发现的关键步骤。中央银行在 2013 年 10 月实施了贷款基础利率集中报价和发布机制，朝利率市场化迈出了重要一步，同时央行在 2018 年取消了贷款利率下限，但现在仍然存在存款利率上限管制。金融资产价格主要是指股票、债券等有价证券以及非证券化的股权价格，中国股票发行价格形成机制存在不合理现象。国债期货、石油期货、黄金期货等期货交易要不断丰富与发展，以取得相关定价权。第二，完善上海国际金融中心的资源配置功能，使上海真正成为国际资本的集散地，既为国内外投资者提供投资机会，也为国内外融资者寻找合适的融资渠道。在为国内经济发展进行投融资服务的同时，发展壮大金融业。第三，完善上海国际金融中心的风险管理能力。随着经济全球化、资产证券化、商品金融化、交易网络化的发展，全球交易越来越方便，已经超越了时空的限制。与此

同时，金融风险也越来越大，金融风险管理成为必修课。

8.4.3 难点之一：加强金融理论创新研究

掌握国际金融规则主导权的国家，无不在金融理论创新研究方面走在世界前列，并且是新理论的创立者或实践者。

在国际金融本位体系下，英国掌握国际金融主导权，英国也是国际金融本位制的理论创新者和实践者。在 19 世纪以前，世界各国大都实行金银复本位制，以金币和银币同时作为本位货币。但是随着白银产量的大幅增加，金银的相对比价不再稳定，这种货币制度容易导致货币关系混乱。英国率先于 1816 年实行《铸币法案》，规定以金币作为本位币。在随后的一个多世纪里，世界各国纷纷效仿英国实行金本位制。英国是世界最大的经济强国，在国际贸易中占有支配地位，较早实现了英镑的国际化，1819 年和 1844 年，英国制定了一系列规范黄金进出口和央行业务的法律法规，规范了黄金的国际流通，形成了以英镑为中心，以黄金为基础的国际金本位制。英国在此过程中，通过金融理论创新与实践，在掌握国际金融规则主导权的同时，也为获得国际金融其他方面的主导权占得先机。

在布雷顿森林体系下，美国掌握国际金融主导权，美国也是布雷顿森林体系的理论创新者和实践者。在第二次世界大战即将结束之际，英、美、苏等大国着手构建战后世界政治经济布局，英国和美国通过总结1929—1933 年的资本主义经济大危机的经验与教训，深刻认识到导致危机的根源在于国际金融缺乏主导力量，在危机初期未采取遏制危机进一步扩散的一致行动和措施，危机之后各国贸易保护主义和"以邻为壑"的货币政策盛行。为此英国和美国提出了代表各自利益的国际金融体系布局方案，即"怀特计划"和"凯恩斯计划"。最后以美国的怀特计划为蓝本构建了以美元为中心的布雷顿森林体系。这一体系为恢复战后世界经济秩序，促进战后重建起到积极作用。美国通过取得国际金融规则主导权，进而获得了整个国际金融主导权。

中国必须加强金融理论创新研究，尤其是 2008 年国际金融危机的爆发，暴露出当前国际金融体系的严重缺陷与不足，这为中国争取国际金融规则主导权带来了新的机遇。中国应该加大对国际金融体系改革的理论研究，提出切实可行、科学合理的国际金融体系改革方案。第一，应该深入研究，找出导致本次金融危机的国际金融体系的深层次问题和制度缺陷。当然，美元本位制的牙买加体系本身就是问题根源之一。但是要彻底改变这一国际金融格局，短时期内难以做到，因此，应该继续研究其他方面的原因。第二，找到推动国际金融体系改革的突破口。在美国依然是世界超级大国的情况下，要建立超主权世界货币，取消美元国际货币的地位是很困难的。但是在现有体系下，美国同样是金融危机的利益受损者，只是相对小一些而已，因而美国同样存在改革国际金融体系的动力。可以从国际金融监管和危机预警等方面加强国际合作。第三，认清国际金融发展的未来方向。只有把握住方向，才能不至于徒劳无功。经济金融化、金融网络化将为未来全球经济发展的可能趋势。中国应该加强互联网金融的理论研究与创新实践。

8.4.4　难点之二：推动国际金融机构改革

中国要获得在国际金融机构中与其实力相适应的主导权，必须推动国际金融机构改革，改变一直以来由欧美控制国际金融机构的不合理状况。而这也是整个国际金融体系改革中最困难的，尤其是美国对国际金融机构改革不积极。因为改革就意味着美国在国际金融机构的垄断地位被削弱甚至丧失，这与其国家战略是相矛盾的。但是本次国际金融危机的爆发充分暴露出国际金融体系的缺陷，以及国际金融机构在应对危机方面的呆滞与无能，改革乃是全世界的期盼。自危机以来，以 G20 作为全球金融治理的机制或平台，对国际金融机构改革达成诸多共识，并取得了显著成就。

首先，向国际金融机构注资，改进借款条件。G20 伦敦峰会提出了向 IMF 注资 5000 亿美元，将 IMF 的可用资金提高两倍；沃斯卡沃斯峰会公布了主要由新兴国家增资 4500 亿美元的具体方案；2009 年 IMF 对贷款机制进行了大幅修改，扩大了 IMF 的新借款安排机制，改进了借款条件。其次，改革了世界银行和 IMF 的份额和投票权。G20 同意将 IMF 的份额向新兴市场和发展中国家转移，发展中国家份额提升到 42.3%，中国的份额增至 6.394%，投票权升至 6.07%，居第三位。在国际复兴开发银行中，新兴与发展中国家的投票权提高 3.13 个百分点，增至 47.19%。中国的投票权从 2.78% 升至 4.42%，成为第三大股东。最后，对国际金融机构的治理结构改革达成一些意向性共识。如对执董席位安排引入动态机制，增加发展中国家在机构中的高管比例，取消分别由美国人和欧洲人担任世行行长和 IMF 总裁的潜规则。

但要清楚的认识到，国际金融机构改革尚不彻底，远未完成，中国必须一如既往积极推动改革，争取更大的国际共识并督促落实。国际金融机构改革取决于主要大国实力的相对变化，在目前世界经济、金融格局没有发生根本性变化的条件下，尤其是美国超级世界大国和金融强国地位未变的情况下，国际金融机构改革仍将困难重重。自布雷顿森林体系崩溃以后，大大小小的金融危机从未间断，国际金融机构也历经多次改革，都只不过是修修补补，体系的根基从未改变。尽管目前对国际金融机构改革已经达成诸多共识，可以预见在金融实际操作阶段，各种力量在权利和利益分配上的博弈将更加激烈。即便是这些共识都能得到很好落实，欧美在国际金融机构中占主导地位，新兴和发展中国家占弱势地位的格局没有根本改变，国际金融机构的不合理的体制安排没有根本性扭转。中国必须继续推动国际金融机构改革，争取更多积极推动力量，达成更多共识，并落实好已有共识，在国际金融机构改革的进程中获得主动权和主导权。

8.5 稳步推进，积跬步至千里

国际金融主导权的争取与获得不是一蹴而就的，必将是一个长期而曲折的过程。中国必须稳步推进，集小步为大步，逐步取得成功。俗话说，"不积跬步无以至千里，不积小流无以成江河"。

8.5.1 积极发声以提高中国的国际金融话语权

国际金融话语权是基于现行的国际政治经济格局和国际金融体系框

架，本质是一国在国际公共场合或非公开场合宣传其意识形态、政治立场，主导国际金融规则的制定与修改、国际金融资产的市场定价，对其他国家施加有效的政治、经济和金融影响，以获取最大国际金融利益的综合能力或权力①。在美国掌握金融话语霸权的国际金融体系下，中国常常"被定位"或"被丑化"为"汇率操纵国""全球失衡制造者""质量低劣的世界工厂"，以及"中国威胁论""中国崩溃论"等，中国因此而疲于解释和应对。造成这种局面的根本原因是中国缺失国际金融主导权，具体而言就是国际金融话语权缺失。国际金融话语权是国际金融主导权的具体体现之一，这也是相对于国际金融机构改革，争取国际金融机构主导权而言最具有可操作性和现实性的。中国应该增强国际金融话语权意识，从争取国际金融话语权入手，争取国际金融主导权，改善中国国际金融形象和地位。

1. 主动融入国际体系，积极宣传中国主张，致力于构建国际金融新秩序

中国在主动融入国际体系的同时，利用一切机会宣传中国对国际金融机构改革、国际金融监管、国际金融体系构建的主张，以争取国际社会的理解和认同，提高中国国际金融影响力和话语权。中国自改革开放以后，经济快速增长，已成为世界第二大经济体，这是中国主动融入国际经济体系的结果。但是随着中国经济增长方式的转型与升级，中国与发达国家之间的竞争越来越激烈，现有的国际经济金融体系对中国不利。中国应该在融入国际体系，遵守现有规则的基础上，致力于现有国际金融体系改革和构建公平合理的国际经济金融新秩序。中国应该利用一切机会阐述和宣传自己的主张，包括正式或非正式、官方或非官方的国际公共场合或非公共场合。

一是利用现有的各种合作、对话、协商或研讨机制，宣传中国主张。如双边合作机制（中美经济与战略对话机制，中欧领导人会晤机制）、多

---

①张宜浩等在研究国际金融话语权时，将其本质定义为利用对其有利的国际金融话语体系，对其他国家施加影响，以获取最大化的国际金融利益的一种综合能力，即国际金融话语权本质上是一种争取国际金融利益最大化的能力。参见：张宜浩，裴平，方先明. 国际金融话语权和中国方略［J］. 世界经济与政治，2012（1）：112-127.

边合作机制（G20 峰会及国际金融治理协商机制、亚太经合组织领导人非正式会晤机制及其峰会、金砖国家金融合作机制、博鳌论坛、达沃斯经济论坛等）。二是要主动设置双边或多边对话议题，扭转中国"被定位"或"被丑化"的局面。一方面是在现有的国际金融合作和对话机制中，主动提出合理的对话议题，而不仅仅是被动地接受主办国或霸权国提出的讨论议题。另一方面是根据国际经济金融时局变化发展的需要，主动举办一些重大国际或区域或双边的金融合作或对话协商会议、论坛、会晤等，争取国际金融话语权和主动权。

2. 辩证地学习和利用西方金融理论，创立中国化的金融理论，改变欧美式学术话语体系

长期以来，西方经济学和西方金融理论成为世界经济金融理论学习的教材和实践的指南，欧美在世界学术话语体系中占统治地位。中国的经济金融理论教材也同样来源于西方，并自发或自觉地应用相应的原理与方法来指导我们的实践和理论发展。然而在以美国金融霸权为特征的国际金融话语格局中，西方国家往往利用其话语权优势，制造虚假、不公平的国际金融话语，蒙蔽其他国家，以谋求最大利益。如 20 世纪 80 年代的华盛顿共识，把"自由化、市场化和私有化"宣扬成经济发展的金科玉律，结果把拉美等非霸权话语国家拖入金融全球化陷阱。它们甚至用虚假现象代替真实，用具有意识形态的金融学术话语把非霸权话语国家定位为金融危机的原罪国。如本轮由于美国金融监管不力和金融创新过度造成的金融危机，美国却将原因归罪于中国等发展中国家的经济金融政策或人民币价值低估等。

另外，西方经济学和金融理论在原理和方法本身也存在致命缺陷，对世界经济发展的许多现实都无法解释。中国应该辩证地对待西方经济金融理论，在充分利用国际学术资源的同时，充分发挥国内的学术传统，根据中国国情构建中国化的金融理论，形成具有中国特色和全球视野的现代金融学思想、知识和方法等。中国需要构建自己的经济金融知识生产体系，改变长期以来形成的用别人的学术话语主导自己实践的被动局面，在国际学术舞台和思想高地争取国际金融话语权。

8.5.2 在双边化或区域化中实现人民币国际化

货币国际化本身就是一个长期博弈的结果，英镑和美元完成国际化分别用了半个多世纪，美国从 1871 年超越英国成为第一经济大国，到 20 世纪 50 年代完成国际化花了 80 多年。中国应该做好长期准备，在美国仍是世界经济最强国，美元仍是最主要的国际货币情况下，中国应该在加强多种形式的国际合作中，利用自身经济优势和国际金融体系中美元独大的不足，提高人民币的使用范围，扩大人民币国际货币职能，通过"双边化—区域化—国际化"的路径渐进式地实现人民币国际化。

1. 推动双边货币合作，实现人民币双边化

在人民币不可自由兑换的情况下，实现人民币国际化可谓困难重重，但是中国通过与其他国家的双边货币合作，如签订货币互换协议等，扩大人民币的使用范围，实现与众多国家的人民币双边化，不失为一个适合中国国情的可选之路。自 2008 年金融危机以来，中国人民银行先后同韩国央行、香港金管局、马来西亚国民银行、泰国银行、巴西央行、英格兰银行、欧洲中央银行等 38 个国家/地区的中央银行或货币当局签订了货币互换协议，其中协议仍然有效的有 31 个。截至 2017 年底，规模达到 30240 亿元人民币。中国应该在保障现有双边货币合作继续开展的同时，继续加大与其他国家的货币合作。

首先，中国应该加大与已经签订货币互换协议国家货币合作的深度，使人民币成为双边贸易中的计价和结算货币，使各国央行将人民币计价的有价证券作为储备资产。其次，中国应该加大与其他尚未与中国签订货币互换协议但与中国贸易比较紧密的国家关于货币合作的谈判，尽可能多的与贸易密切的国家加大货币合作的力度。可以加大与俄罗斯、印度、南非等国家的货币合作。最后，中国应该放宽居民使用人民币对外直接投资的限制，以及在国外发行以人民币计价的有价证券。如在英国伦敦市场发行以人民币计价的国债，以及在中国香港或新加坡发行以人民币计价的股票，为国际金融市场或各国央行提供人民币计价资产和投资渠道。

2. 推动区域货币合作，实现人民币区域化

推动区域货币合作，实现人民币区域化，也是实现人民币国际化的重要途径之一。中国可以重点加强两岸四地、东亚地区和非洲地区的货币合作，实现人民币在这些区域的自由流通和兑换。第一，加强两岸四地的货币合作，使人民币在这一区域自由使用。中国人民银行与香港金管局已经签订货币互换协议，但与澳门和台湾货币当局尚未签订相关协议。可以构建两岸四地货币合作框架，使人民币成为区域贸易计价与结算货币，以及签署相互间投资协定，减少直接投资的限制。第二，继续推进东亚地区的货币合作。东亚地区中、日、韩与东盟"10+3"的合作模式取得了很好发展，促进了东亚经济一体化进程。中国与东盟自由贸易区的正式运行，也促进了中国与东盟之间经济的紧密关系。这为中国与东盟地区货币合作创造了条件。中、日、韩自贸区谈判在东亚地区局势紧张的情况下于2013年3月26日正式启动，中间虽经历波折，但总体仍然在往前推进，尤其是2018年日本首相安倍晋三访华之后，加速了谈判进程。2018年11月5日，习近平总书记在中国国际进口博览会开幕式的主旨演讲中明确提出要"加快中日韩自由贸易区谈判进程"，到2019年4月12日已经进行了15轮谈判。在此之前，中、日、韩之间已经签订了双边货币互换协议。中国可以把中、日、韩经济合作升级作为人民币国际化的一个突破点。第三，加大人民币在非洲地区国际化的推广力度。非洲地区将是未来世界经济的一个增长极、重要市场和能源供给地，非洲地区也成为世界主要大国间竞争的一个重要区域。中国可以利用中非之间的贸易合作、能源合作加大人民币在这些合作领域的使用。目前，中国与尼日利亚之间能源贸易采用人民币结算就是一个成功典范，可以在与非洲其他地区的合作中加以推广。

8.5.3 在国际经济合作中提升中国金融影响力

随着中国成为世界第一贸易大国和第二大经济体，世界与中国的经济关系越来越密切，中国可以利用这一优势加强与世界各国各地区的经济合作，提升合作层级，在国际经济合作中提升金融影响力，在争得国际经济主导权时争取国际金融主导权。

1. 加强与周边国家的经济合作

加强与周边国家的经济合作，提升合作水平，使中国与周边国家形成合作共赢的关系和利益共同体，有助于提升中国在周边国家的影响力。以经济合作为基础，加强与周边国家的金融货币合作，提升中国的金融影响力和金融主导权。第一，应重点落实好中央关于"陆上丝绸之路"经济带和"海上丝绸之路"经济带建设，加强与两个经济带国家的经济合作和金融合作。这两个经济带正好从陆上和海上与欧洲相连，在加强与欧洲经济合作的同时，可以逐步形成欧亚经济合作区。第二，提升上海合作组织的经济合作水平，推动上海合作组织自贸区谈判。中国与上合组织成员国之间经济发展存在巨大的互补性，具有巨大的合作潜力，近年来，区域经济合作已经取得了巨大成就，但自贸区谈判尚未提到议事日程。第三，推动东亚经济全面合作升级。中、日、韩自贸区谈判已经正式启动，东亚区域全面经济伙伴关系也已经开始磋商，未来东亚区域全面经济合作成为趋势，中国应该抓住时机，推动全面经济合作，并在这一进程中掌握主动权，在全面经济合作中争取金融经济发展的主导权。

2. 加强与新兴国家的经济合作

加强与新兴国家，尤其是金砖国家的经济合作。中国、俄罗斯、印度、巴西和南非被称为"金砖五国"，都属于新兴国家和发展中国家，在当今国际经济金融格局中有着众多的共同利益和共同语言，合作潜力巨大。近年来，新兴国家的经济增长远高于发达国家的经济增长，成为世界经济增长重要推动力，在本轮金融危机之后也率先复苏。金砖国家的金融合作已经走在经济合作其他方面的前面，尤其是在 2013 年金砖国家领导人第五次会晤所确定的创立规模为 1000 亿美元的应急基金和金砖国际开发银行，使金砖国家的金融合作向纵深迈进。第一，应加强与金砖国家的沟通，协调在国际经济金融重大事务中的立场原则，通过增强金砖国家整体在国际社会的影响力来提升中国地位，尤其是在改革国际金融体系，构建公平、合理的国际金融经济新秩序方面采用统一立场。第二，促使金砖国家间贸易采用本币结算，中国已经与巴西签订了货币互换协议，中国应该促成"金砖五国"签订货币互换协议，以减少贸易成本，提升人民币使用范围，使人民币国际化升级。第三，可以探讨论证金砖国家建立自贸区的可行性，打破地缘经济限制，建立金砖国家自贸区，提升金砖国家经济合作水平。

3. 加强与发达国家的经济合作

发达国家已经进入后现代化阶段，拥有完善的市场体系、先进的技术和管理经验，以及巨大的消费市场，掌握着世界经济和金融发展的主导权。中国要在世界经济发展中争取与经济实力相适应的经济和金融发展的主导权，必须加强与发达国家的经济金融合作。

第一，提升中美、中欧经济金融合作水平。中美自 2009 年确立了战略伙伴关系，2013 年又确立了发展新型大国关系，经济合作不断深入，中美双边投资协定已经进入谈判的实质阶段。但是特朗普总统上台之后发起对中国的贸易战，一度使中美关系跌入低谷。2018 年 12 月 1 日晚，备受瞩目的中美元首"习特会"在 G20 峰会主办地阿根廷如期举行，此次会晤达成重要共识：停止关税升级等贸易限制措施。此后，中美贸易谈判快节奏进行，截至 2019 年，中美贸易谈判经历了九轮，已经接近尾声，中美有望达成历史性的贸易投资协定。此外，为提升中美经济合作层级，创造合作空间，可以对建立中美自贸区的可行性进行研究。通过坚持平等、互利原则的谈判和合作提升中国经济金融的主导权。中欧之间没有重大战略利益冲突，经济合作在贸易、投资、金融等方面取得了长足发展。同样，中欧间建立自由贸易区也是有可能的，应该积极研究和推动。

第二，积极加入跨太平洋战略经济伙伴关系协定（TPP）和跨大西洋贸易和投资伙伴关系协定（TTIP）谈判。虽然特朗普总统上台后，美国退出了 TPP。但这正好给中国提供了一个机会，奥巴马时期力推 TPP，旨在设置门槛，把中国排除在外。近几年来，中国主动加大改革开放力度，推动中国经济由高速发展向高质量发展转变，这恰恰与 TPP 的宗旨相适应。TPP 突破了传统自由贸易区的理念，是包括所有商品和服务在内的综合性自由贸易区，是一个高标准的自贸区。这个协定可以整合亚太经合组织（APEC）和东盟组织的主要成员国，形成世界最大的综合性自由贸易区。中国应积极参与谈判，为中国加入该协定争取更有利的条件和主动权。TTIP 将重点就市场准入和监管法规、非关税壁垒和市场规则等方面建立起一整套协作机制，而不仅是自贸区。该协定一旦达成，将成为新的国际贸易和投资标准，并再次掌握世界经济的领导权。中国必须积极应对，尽早参与欧美相关谈判，以争取主动。

第三，积极推动《区域全面经济伙伴关系协定》（RCEP）在2019年签署生效。区域全面经济伙伴关系（regional comprehensive economic partnership，简称 RCEP），由东盟十国于2011年发起，2012年邀请中国、日本、韩国、澳大利亚、新西兰、印度共同参加（"10+6"），通过削减关税及非关税壁垒，应对全球化进程中的一些负面问题，建立16国统一市场的自由贸易协定。自2013年正式谈判起至2018年，已经进行了22轮谈判、2次领导人会晤和10次部长级会议，取得了实质性进展。李克强总理在2018年11月访问新加坡时表示，希望 RCEP 于2019年签署生效。RCEP是亚太地区规模最大、最重要的自由贸易协定谈判，达成后将覆盖世界近一半人口和近三分之一贸易量，成为世界上涵盖人口最多、成员构成最多元、发展最具活力的自由贸易区。

8.6 本章小结

国际金融体系和国际金融格局朝着由美国、欧盟、中国三足鼎立的多元化趋势发展的可能性最大，中国必须清楚定位中国争夺国际金融主导权的战略目标，中国是要积极争取成为未来三足鼎立中的一足角色，争取与国家综合实力相适应的国际金融主导权，而不是要取代美国争夺世界金融霸权。

具体要从国内、国际两个层面入手做好准备。国内层面，促进经济转型升级，增强经济实力，由经济大国转向经济强国，夯实物质基础；完善金融市场体系、法制体系、监管体系，提升金融治理能力，扩大金融服务水平，夯实市场基础；努力增强科技创新能力和加强国防安全建设，提高整体综合实力和国际竞争力，夯实世界对中国和中国对自己的信心基础。国际层面，推进全球战略，培育龙头跨国公司加大对外投资，扩大对外经济交往，增强国际竞争力和凝聚力。

争取国际金融主导权必须抓住重点，先易后难。中国争取国际金融主导权有两大重点和两大难点。重点分别是稳步推进人民币国际化和加快上海国际金融中心建设，这分别对应着争取国际货币主导权和争取国际金融市场主导权两方面，这两个权力是隐性权力，不容易被对手反对和操控。难点分别是加强金融理论创新和推动国际金融机构改革。这两点涉及国际金融机构主导权和国际金融规则主导权，属于显性权力，现在被欧美国家所掌控，不易被分权。

中国要争取国际金融主导权，还必须清楚的认识到这将是一个漫长的过程。必须稳步推进，集小步为大步，不可一蹴而就。中国应积极发声，宣传中国主张和理念，提升中国的国际金融话语权。通过不断扩大人民币在双边或区域中的应用，逐步实现人民币国际化。中国应积极参与国际经济金融合作，通过不断扩大合作范围或层级，在合作中提升中国金融影响力。

9.1　全书总结

长期以来，处于世界中心位置的西方发达国家在国际金融体系中占主导地位，美国凭借美元本位制的优势地位和在国际金融机构的垄断地位实施金融霸权；处于世界外围的发展中国家经常处于被动的或受控制的境地。这种不合理的国际金融经济秩序，严重威胁着中国等发展中国家的金融安全和经济的稳健发展，这也是造成世界经济失衡和金融危机的根源。历次危机爆发，都会使国际社会形成国际金融体系改革的众多共识，但是危机之后这种改革共识落实不多，真正卓有成效的改革很少。这是因为这种改革涉及国际金融体系的核心问题，即国际金融主导权问题，它关系到改革各国尤其是大国在国际金融中的权力和利益分配问题，触及欧美的现有利益。国际金融主导权形成与转移的理论问题就是本书的研究主题，文章的主体部分是第2~8章。

第2章，分析国际金融主导权的几个基本问题，即内涵、特征与作用。本书将国际金融主导权定义为"具有一定经济实力和国际地位的国家以协商与合作的方式积极参与国际金融事务，享有保障本国合法权益、维护国际金融稳定发展、引导国际金融秩序发展方向的主动权和话语权"。它包括国际货币主导权、国际金融市场主导权、国际金融机构主导权和国际金融规则主导权四个方面的内容。国际金融主导权具有结构性、博弈性、多边性和虚拟性四个特征。国际金融主导权对世界和主导权国都有重要作用。

第3章，分析国际金融主导权的形成与转移的历程，比较英美掌握国际金融主导权的异同。历史上，先后经历了由荷兰、英国和美国掌握国际金融主导权的不同阶段。根据国际金融主导权所包含内容的大小和在国际上的影响力大小与范围，国际金融主导权沿着这条历史长河经历了萌芽阶段（荷兰主导）、形成阶段（英国主导）和成熟阶段（美国主导权）三个阶段。通过比较发现，英国和美国在国际金融主导权的获取方法、运行方式等方面都存在巨大差异，但是都面临着特里芬"两难"和霸权衰退的相似困境。

第4章，分析国际金融主导权为什么会形成并发生转移，一个国家要掌握国际金融主导权需要具备什么样的国际国内条件。国际金融主导权的形成与转移具有其内在逻辑，其形成是世界经济发展的需要，其转移是世界强国间博弈的结果，国际社会对它的认可是世界无政府下的公共选择过程。一国要掌握国际金融主导权需要具有物质基础（强大的经济实力和创新实力）、市场基础（良好的信用环境和完善的金融市场体系）和信心基础（强大的国家机器和坚定的国家意志）三方面的国内条件，以及世界市场的形成和世界格局的变化两方面的国际条件。

第5章，分析世界各国间是如何博弈，以促使国际金融主导权的形成与转移的。这种博弈既包括大国与小国之间的博弈，也包括大国与大国之间的博弈。大小国之间的博弈属于智猪博弈类型，小国由于其实力小并且在稳定的国际金融体系中获得的利益也相对较小，对于小国而言，其最佳策略就是等待大国构建和维护稳定的国际金融秩序并享受其好处，而大国别无选择。大国间的博弈有三种类型，囚徒困境、契约博弈和金融霸权。囚徒困境主要表现在两次世界大战期间，国际信任关系极低，各大国基于自身利益考量纷纷采取"以邻为壑"的国际贸易金融货币政策，导致世界经济失序并引发大危机，大国间的博弈陷入囚徒困境。基于这种情况，第二次世界大战结束之初，英、美等主要战胜国开始布局战后金融经济秩序避免悲剧重演，建立了包含国际金融规则和机构的布雷顿森林体系，形成契约博弈。在布雷顿森林体系崩溃后，尤其是冷战结束以后，美国凭借其超级大国地位，使其在国际金融领域具有实施金融霸权的绝对优势，其他国家无可奈何。

第6章，分析国际金融主导权如何影响世界和主导权国的经济。本章通过构建世界经济核算的两国模型发现，主权国家货币作为国际货币在资源利用充分与否的不同情况下，对本国与他国经济增长有着不同的影响；在两国中至少有一国资源未被充分利用的情况下，国际货币发行都会促进资源未被充分利用的国家经济增长，否则引发通货膨胀。本章通过对美元发行与世界经济增长关系的实证研究发现，美元发行对世界经济增长，尤其是东亚地区经济增长有正的促进作用，而对本国经济增长的作用取决于新增货币用于本国支出与从国外进口支出的比例关系。

第 7 章，分析国际金融主导权的未来趋势。随着世界格局朝着多极化方向发展，国际金融经济格局也将发生变化，国际金融体系，尤其是货币体系可能朝着多元化或超主权货币的方向发展。国际金融主导权因而也有三种可能的趋势：一是形成多元化的国际货币体系、多元格局的国际金融体系，国际金融主导权由多国共享；二是除了欧元区外，在亚洲、非洲、拉美洲将形成多个货币区，国际金融主导权将由货币联盟共享；三是超主权货币将建立，世界中央银行成立，国际货币金融政策由世界央行统一制定和执行，国际金融主导权统归世界央行。

第 8 章，分析中国在未来国际金融主导权重构中的角色定位，中国应采取什么措施实现其战略目标，以获得相应的国际金融主导权。这是本书写作的归宿与落脚点。基于现实主义观点，多极化的世界政治经济格局最容易实现，中国应将自己定位于美国、欧盟和中国三足鼎立中的一足角色。首先，中国应从经济发展、金融体系完善和综合实力提高三个方面夯实争取国际金融主导权的国内基础。其次，中国应抓住重点，先易后难。重点在于稳步推进人民币国际化和加快上海国际金融中心建设，以争取国际货币主导权和国际金融市场主导权；同时积极攻破两个难点，即加强理论创新研究和推进国际金融机构改革，以争取国际金融规则主导权和国际金融机构主导权。最后，稳步推进，集小步为大步。积极发声，提高中国的国际金融话语权，通过双边化和区域化实现人民币国际化，在积极参与和推动国际经济金融合作中提升中国金融影响力。

9.2 创新点

国际金融主导权或相似词汇虽偶见报端，但是真正的研究文献鲜见，本人认为国际金融主导权这一主题的研究本身就是一种开创性的工作，具体的创新点主要体现在以下四个方面。

（1）提出了国际金融主导权这一全新概念。本书从国际政治经济学的视角研究国际金融体系的核心问题，突破了以往单就国际金融体系本身研究国际金融体系改革的思维定式，提出了国际金融主导权这一国际金融体系的核心概念。国际金融体系改革之所以困难，问题就在于国际金融体系与国际权力相关，国际金融体系改革的本质就是国际金融主导权的再分配。本书通过对国际金融主导权的内涵、内在逻辑和内在要求的研究，提出可以使中国等发展中国家从国际金融主导权的内在要求入手，积累争取国际金融主导权的力量，渐进式地推动国际金融格局变化和国际金融体系改革，建立公正、合理、可行的国际金融新秩序，获得与其实力相适应的国际金融主导权。这为国际金融体系改革和中国争取国际金融主导权提供了一个可行的思路。

（2）构建了国际金融主导权的国际博弈模型。本书将博弈论分析方法引入国际金融学的研究。国际金融体系改革、国际金融格局的变化本质上就是一个国际博弈的过程。通过构建不同时期国际间的不同博弈模型，可以更清楚地了解不同时期国际金融体系形成与崩溃的来龙去脉，也为分析国际金融体系的变化和国际金融主导权的发展趋势提供了很好的工具。

（3）构建了世界经济核算的两国模型。本书以凯恩斯国民"收入—支出均衡"条件下的四部门经济模型为理论基础，突破其分析一国国民收入的限制，拓展至世界。由此构建一个由 a 国（拥有国际货币主导权，其国家货币是国际货币）和 b 国（不拥有国际货币主导权，其国家货币不是国际货币）两个国家组成的世界经济核算模型，分析主权国家货币发行对本国和他国经济增长的影响情况，进而理解国际金融主导权中的国际货币主导权是如何影响他国和世界经济增长的。此外，这一模型还可以用于分析和解释世界经济增长的动力和影响因素。

（4）提出了中国争取相应国际金融主导权的对策建议。本书根据国际金融主导权的三种可能发展趋势，基于现实主义的观点，将中国定位于三足鼎立格局中的一足角色，以此为依据提出了相应的对策建议。一是根据国际金融主导权的内在要求，建议中国从经济发展、金融体系完善和综合实力提高三个方面夯实国内基础；二是分清重点和难点，先易后难。重点是稳步推进人民币国际化和加快上海国际金融中心建设，攻克国际金融理论创新和国际金融机构改革两个难点；三是稳步推进，集小步为大步，逐步提高中国的国际金融话语权和影响力。

9.3 研究展望

国际金融主导权这一主题本身就比较宏观、比较大，对其研究是一个系统性大工程，本人只是把国际金融主导权形成与转移的相关问题进行了初步研究，尚有许多方面需要进一步的深入研究。

（1）研究国际金融主导权所包含的国际货币主导权、国际金融市场主导权、国际金融规则主导权和国际金融机构主导权四个方面之间的具体关系。书中只是提炼出国际金融主导权所包含的四个方面，但没有研究它们之间的相互关系和在国际金融主导权中的各自地位。四个方面的主导权之间到底是一种并列关系，还是一种递进关系，或者是一种上下从属关系，现在尚未可知。四个主导权之间的地位或重要性，有无轻重之分；四个主导权之间是否存在相互影响的关系；如果有，又是如何影响的，等等。这些问题都有待深入研究，这也是国际金融主导权研究必须解决的问题。

（2）研究国际金融主导权其他三个方面对世界经济的影响。国际金融主导权的经济影响是一个重要的研究课题，本书只是初步地研究了国际金融主导权中的国际货币主导权对世界经济增长的影响，范围和深度都非常有限。因此必须进一步研究国际金融主导权中的国际金融市场主导权、国际金融规则主导权、国际金融机构主导权对世界经济的影响。国际货币主导权对经济的影响也可继续深入研究，因为本书只是研究了国际货币发行对世界经济增长的影响，国际货币主导权包含着更广泛的内容，其他方面是如何影响世界经济的等，都可以进一步拓展研究。

（3）研究国际金融主导权与国际金融体系以及国际金融格局的关系。霸权稳定论研究了霸权与国际金融经济稳定秩序之间的关系，认为只有或只能有霸权国家能维护国际金融经济秩序的稳定，促进世界经济健康发展。当然这一理论被事实无情地否定了。那么国际金融主导权能否起到维护一个稳健的国际金融体系的作用？如果能，应该如何维护？这是国际金融主导权研究需要重点解决的一个课题。国际金融主导权的提出，主要目的在于用国际金融主导权替代金融霸权，建立一种公正、合理、可行的国际金融体系，维护一个公平稳健的国际金融秩序。因此，必须重点研究国际金融主导权与国际金融体系之间的关系，为国际金融体系改革提供理论依据。

参考文献

［1］孙晓辉，安娜.世界经济格局的变迁与未来发展走向［J］.吉林华侨外国语学院学报，2013（1）：61-64.

［2］宋国友.欧美债务危机对国际经济格局的影响［J］.现代国际关系学，2011（12）：38-43.

［3］高程.金融危机重构经济格局［J］.中国经济信息，2014（5）：14-15.

［4］段炳德.国际经济格局的均等化进程及中国对策［J］.理论学刊，2011（6）：43-47.

［5］胡必亮，周晔，范莎.全球经济格局新变化与中国应对新策略［J］.经济学动态，2015（3）：135-147.

［6］［英］霍布斯.利维坦（中文版）［M］.北京：商务印书馆，1985：132.

［7］［英］休谟.人性论（中文版）［M］.北京：商务印书馆，1980：577-579.

［8］［英］亚当·斯密.国民财富的性质和原因的研究（下卷）［M］.郭大力，王亚南，译.北京：商务印书馆，1988：28-29.

［9］J. S. Mill. Principles of Political Economy：With Some of Their Applications to Social Philosophy［M］. Hackett Publishing Co, Inc, 2004：210-258.

［10］P. A. Samuelson. The Pure Theory of Public Expenditure［J］. Review of Economics and Statistics，1954（36）：387-389.

［11］P. A. Samuelson. Diagrammatic Exposition of A Theory of Public Expenditure［J］. Review of Economics and Statistics，1955（37）：350-356.

［12］M. Olson. Logic of collective Action：The Public Goods and the Theory of Groups. Cambridge: Harvard University Press, 1965.

[13] I. Kaul, P. Conceicao, K. L. Goulven, R. U. Mendoza. Providing Global Public Goods: Managing Globalization [M]. New York: Oxford University Press, 2003: 32-33.

[14] J. M. Buchanan. An Economic Theory of Clubs [J]. Economica, New Series, 1965 (32): 1-14.

[15] G. Hardin. Tragedy of the commons [J]. Science, 1968, 162 (3859): 1243-1248.

[16] M. Olson. Increasing the incentives for internationalcooperation [J]. International Organization, 1971, 25 (4): 866-874.

[17] T. Sandler. The Theory and Structures of International Political Economy [M]. Westview Press, 1980.

[18] C. P. Kindleberger. International public goods without internationalgovernment [J]. American Economic Review, 1986, 76 (1): 1-13.

[19] I. Kaul, I. Grunberg, M. A. Stern. Global Public Goods [M]. Oxford University Press, 1999.

[20] World Bank. Development Committee: Poverty Reduction and Global Public Goods [C]. Issues for the World Bank in Supporting Global Collective Action, 2000-09-06.

[21] O. Morrissey, D. Te Velde, A. Hewitt. The case of reduced CFC emissions andthe Montreal protocol [J]. Journal of Public Economics, 2002, 63 (3): 331-349.

[22] P. B. Anand. Financing the Provision of Global Public Goods [J]. World Economy, 2004, 27 (2): 215-237.

[23] R. Gardiner, K. LeGoulven. Sustaining our global publicgoods [J]. Economic Briefing, 2002 (3): 1-15.

[24] M. Olson. The Logic of Collective Action [M]. HarvardUniversity Press, 1965.

[25] C. P. Kindleberger. The World in Depression: 1929-1939 [M]. University of California Press, 2013: 289.

［26］C. P. Kindleberger. International Public Goods without International Government ［J］. American Economic Review, 1986 (3)：1-13.

［27］李增刚. 公共产品与国际组织——以世界银行和国际货币基金组织的职能演变为例 ［J］. 经济评论, 2005 (3)：81-109.

［28］R. Triffin. Gold and the Dollar Crisis ［M］. New Haven：Yale University Press, 1960：8.

［29］J. D. Graham, L. Rhomberg. How risks are identified and assessed ［R］. Annals, 1996 (545)：15-24.

［30］R. A. Mundell. Capital Mobility and Stabilization Policy under Fixed and Flexible Exchange Rates ［J］. Canadian Journal of Economics, 1963 (29)：475-485.

［31］P. Krugman. O Canada：A Neglected Nation Gets Its Nobel ［J］. Slate Magazine, 1999 (10).

［32］J. A. Ocampo. Building an SDR-Based Global Reserve System ［J］. Globalization and Development, 2010 (2).

［33］［美］让玛·瓦苏德万. 国际金融体系的历史演进与当前国际金融危机——基于马克思货币理论的分析 ［J］. 贺钦, 译. 国外理论动态, 2010 (6)：1-8.

［34］P. R. Lane, G. M. Milesi-Ferretin. Examining Global Imbalance ［R］. Finance and Development, IMF, March, 2006.

［35］余永定. 美国经济再平衡下中国面临的挑战 ［J］. 国际金融研究, 2010 (1).

［36］危机与战争——金融帝国主义的前景 ［J］. 政治经济学评论, 2012, 3 (2)：101-115.

［37］［英］比伦特·格卡伊, 达雷尔. 惠特曼. 战后国际金融体系演变三个阶段和全球经济危机 ［J］. 房广顺, 车艳秋, 译. 国外理论动态, 2011 (1)：14-24.

［38］B. Eichengreen, R. Hausmann. Exchange Rates and Financial Fragility ［R］. NBER Working Papers No. 7418, 1999.

［39］G. A. Calvo, C. M. Reinhart. Fear of floating ［R］. NBER working

Paper No. 7993, November 2000.

［40］S. Edwards. Exchange Rate Regimes, Capital Flows and Crisis Prevention ［R］. Paper prepared for NBER Conference on "Economic and Financial Crisis on Emerging Market Economics" held in Woodstock, October 19 - 21, 2000.

［41］C. F. Bergsten. Currency Misalignments and the US Economy ［R］. Congressional Testimony before the Hose of Representatives. May 9, 2007.

［42］A. K. Rose. A Stable International Monetary System Emerges: Inflation Targeting is Bretton Woods Reserved ［J］. Journal of International Money and Finance, 2007, 26: 663-681.

［43］W. R. Cline. Renminbi Undervaluation, China's Surplus and the US trade Deficit ［N］. Peterson Institute for International Economics, Policy Brief 10-20, August, 2010.

［44］P. Krugman. China, Japan, American ［N］. New York Times, September 13, 2010.

［45］P. B. Kenen. Fixed versus Floating Exchange Rates ［J］. Cato Journal, 2000, 20 (1).

［46］B. Anders. Exchange Rate Regime and Macroeconomic Stability: The Case of Sweden ［C］. Oxford Economic Papers, 101093, 2002.

［47］C. F. Bergsten (a). America Cannot Resolve Global Imbalances on Its Own ［N］. Finance Times, August 19, 2009.

［48］C. F. Bergsten (b). The Dollar and the Deficits: How Washington can Prevent the Next Crisis ［J］. Foreign Affairs, 2009, 88 (6).

［49］C. McCreevy. The International Financial Crisis: Its Causes and What to do it ［R］. Workshop Proceeding, February 27, 2008.

［50］IMF. The Funds Role Regarding Cross Border Capital Flows ［C］. IMF Staff Paper, 2010.

［51］A. Buria. An Analysis of IMF Conditionality ［R］. Paper prepared for the XVI Technical Group Meeting of the intergovernmental Group of 24, Port of Spain, Trinidad and Tobago, February 13-14, 2003.

［52］J. Bruno. Democratic Governance of International Financial Institutions in a Time of Financial Crisis ［C］. Paper presented in "Democratic Governance of International Institutions" Conference organized by IBASE, Rio de Janeiro, Brazil, May 7-8, 2008.

［53］虞群娥. 国际货币体系改革的新制度经济学思考 ［J］. 金融研究, 2002 (5): 101-105.

［54］陆前进 (2009). 论国际金融体系改革和人民币国际化战略 ［J］. 社会科学, 2009 (4): 33-41.

［55］天大研究院课题组. 国际金融体系的改革与发展趋势 ［J］. 广东金融学院学报, 2010 (1): 27-34.

［56］C. F. Bergsten (b). The Dollar and the Deficits: How Washington Can Prevent the Next Crisis ［J］. Peterson Institute for International Economics Article in Foreign Affairs, 2009, 88 (6).

［57］C. F. Bergsten. Why the World Needs Three Global Currencies ［N］. Financial Times, February 15, 2011.

［58］R. Dobbs, D. Skilling, W. Hu, J. Manyika and C. Roxburgh. An Exorbitant Privilege? Implications of Reserve Currencies For Competitiveness ［R］. Mckinsey Global Institute discussion paper, 2009.

［59］B. Eichengreen. The Dollar Dilemma: The World's Top · Currency Faces Competition ［J］. Foreign Affairs, 2009, 88 (5).

［60］R. N. CooPer. The Future of the Dollar ［N］. Peterson Institute for International Economics Policy Brief, 2009-09-21.

［61］夏斌. 中国发展和国际金融秩序 ［J］. 理论视野, 2011 (1): 36 -38.

［62］J. A. Frankel. What's In and Out in Global Money ［C］. Finance & Development, September 2009.

［63］李稻葵, 尹兴中. 国际货币体系新构架: 后金融危机时代的研究 ［J］. 金融研究, 2010 (2): 31-43.

［64］周小川. 改革国际货币体系, 创造超主权储备货币 ［EB/OL］. 中国人民银行网站.

［65］ M. Carney. The Evolution of the International Money system ［R］. New York City：Foreign，Policy Association，2009.

［66］ P. Alessandrini，M. Fratianni. International Money，Special Drawing Rights，And Supernational Money ［C］. Prepared for the 2009 Pre-G8 Summit Conference on " Global Financial Crises：National Economic Solutions，Geopolitical Impacts，" Rome， Palazzo De Carolis， June30.

［67］ P. B. Clark，J. J. Polak. International liquidity and the Role of the SDR in the International Money System ［C］. IMF Working paper WP/o2/217，2002.

［68］ A. Aiyar. An International Monetary Fund Currency to Rival the Dollar? ［J］. Washington：Cato Institute，July7，2009.

［69］ O. F. Humpage. Will special drawing rights supplant the dollar? ［EB/OL］VoxEU. org，8 May，2009.

［70］ J. A. Rosensweig. Single Reserve Currency：An analysis of the benefits and challenges with implementing a single reserve currency ［N］. Global Macroeconomic Perspectives，2009-11-04.

［71］ J. Stiglitz. The global crisis，social protection and jobs ［J］. International Labour Review，2009，148 （1-2）：1-13.

［72］董彦岭等. 超主权货币：理论演进与实践发展 ［J］. 国际金融研究，2010 （4）：4-11.

［73］李永宁、郑润祥与黄明皓. 主权货币、多元货币体系、人民币国际化和中国核心利益 ［J］. 国际金融研究，2010 （7）：30-42.

［74］闵达律. 建立以资源为最终支付手段的国际货币体系——实现货币本位从历史到自然的回归 ［J］. 武汉金融，2013 （6）：19-21.

［75］ C. F. Bergsten. Dilemmas of The Dollar：The Economics and Politics of United States International Money Policy ［M］. New York University Press，1975：6.

［76］禹钟华，祁洞之. 国际货币体系演化的内在逻辑与历史背景——兼论国际货币体系与资本全球化 ［J］. 国际金融研究，2012 （9）：4-10.

[77] 徐明棋. 国际金融体系改革：新问题和新的突破口 [J]. 世界经济研究, 2011 (11)：33-39.

[78] 王元龙. 国际金融体系改革的战略与实施 [J]. 经济理论与经济管理, 2009 (9)：5-9.

[79] 王元龙. 金融危机后国际金融体系改革的思考 [J]. 政治经济学评论, 2010 (2)：43-49.

[80] 陈观烈. 必须高度警惕"金融霸权" [J]. 领导决策信息, 1998 (46)：16.

[81] 柳永明. 论金融霸权 [J]. 经济学家, 1999 (5)：68-73.

[82] 李永胜. 防范金融霸权 [J]. 现代国际关系, 1999 (5)：37-39.

[83] 张长全. 金融霸权的挑战与防范研究 [J]. 财贸研究, 2003 (2)：61-64.

[84] 杨志文. 美国金融霸权的衰落 [J]. 现代商业, 2011 (5)：179-180.

[85] 颜剑英. 美国金融霸权和中国金融安全 [J]. 理论导刊, 2004 (5)：11-14.

[86] 李海燕. 国际汇率制度安排中的美元霸权 [J]. 国际金融研究, 2003 (3)：33-37.

[87] 夏乐. 世界资本家：美国金融霸权的本质 [J]. 董事会, 2009 (2)：54-59.

[88] 吴必康. 西方金融危机和金融霸权的历史探讨 [J]. 史学理论研究, 2009 (1)：10-13.

[89] 栾文莲. 一强多元：全球金融霸权格局 [N]. 中国社会科学报, 2012-09-24.

[90] 胡松明. 金融资本全球化和新金融霸权主义 [J]. 世界经济, 2001 (7)：27-31.

[91] 杨旭彪. 美元本位制、美元霸权和美国金融危机 [J]. 经济与管理, 2009 (1)：62-65.

[92] 刘洪. 美元霸权梦阻 IMF 改革 [N]. 中国证券报, 2014-01-25.

[93] 张军果. 论国际金融霸权和我国的金融安全 [J]. 唯实, 2011 (8-9)：106-110.

[94] 廖子光. 美元霸权必须终结 [N]. 亚洲时报，2002-04-11.

[95] 尹应凯，崔茂中. 美元霸权：生存基础、生存影响和生存冲突 [J]. 国际金融研究，2009 (12)：31-39.

[96] 王佳菲. 全球金融危机及中国角色定位 [J]. 社会科学研究，2009 (1)：43-46.

[97] 刘琛君. 美元霸权：溯源·变局·前瞻 [J]. 聊城大学学报 (社会科学版)，2009 (1)：8-10.

[98] 徐涛，侯绍泽. 论美元霸权与当代国际货币秩序 [J]. 上海财经大学学报，2007 (6)：83-90.

[99] 许馨友，安烨. 人民币如何打破美元霸权 [J]. 江汉论坛，2013 (5)：79-83.

[100] 方家喜. 美元新霸权四大特征日趋明显 [N]. 经济参考报，2010-03-24.

[101] 李向阳. 布雷顿森林体系的演变与美元霸权 [J]. 世界经济与政治，2005 (10)：14-19.

[102] 金卫星. 马歇尔计划与美元霸权的确立 [J]. 史学集刊，2008 (6)：70-77.

[103] 张敖. 美元霸权的历史演进 [J]. 金融发展评论，2011 (3)：61-66.

[104] 刘蕾. 美元霸权对货币主权的冲击 [J]. 河北法学，2010 (2)：85-89.

[105] 胡少华. 美元霸权、全球金融危机与我国的金融战略 [J]. 武汉金融，2010 (4)：13-16.

[106] 陶昌盛 (2009). 论次贷危机下的国际金融体系改革和中国角色 [J]. 经济与管理研究，2009 (4)：59-63.

[107] 林小芳，查君红. 脱离美元霸权正当其时 [J]. 国外理论动态，2012 (1)：34-38.

[108] 张茉楠. 中日货币直通车挑战美元霸权 [J]. 中国经济周刊，2012 (22)：17.

[109] 章玉贵. 金融霸权时代的宽松美元 [J]. 金融博览，2013 (7)：

10-12.

[110] 黄河, 杨国庆, 赵嵘. 美元霸权的困境及其走向 [J]. 现代国际关系, 2008 (11)：35-40.

[111] 张群发. 美元霸权和人民币国际化 [J]. 经济经纬, 2008 (2)：42-45.

[112] 王莉娟. 以美元为中心的金融资本全球积累体系及其危机 [J]. 理论学刊, 2011 (4)：81-84.

[113] 张明 (2008). 论次贷危机对国际金融体系、国际格局和中国经济的影响 [J]. 国际经济评论, 2008 (2)：5-8.

[114] 刘刚、张世春. 美元霸权衰落与人民币国际化加速 [J]. 经济问题探索, 2012 (7)：185-190.

[115] 林江, 徐世长. 美国财政悬崖、美元霸权及其对中国经济的影响 [J]. 广东社会科学, 2013 (2)：16-23.

[116] R. Gilpin. War and Change in World Politics [M]. Cambridge University Press, 1981.

[117] R. O. Keohane, J. S. Nye. Power and Interdependence (the 3rd edition) [M]. Beijing：Beijing Peking University Press, 2004.

[118] S. D. Krasner. State Power and the Structure of International Trade [J]. World Politics, 1976, 28 (3)：317 -347.

[119] 王义桅, 唐小松. 从霸权稳定论到单极稳定论——冷战后新现实主义的回归 [J]. 世界经济与政治, 2000 (9)：14-19.

[120] D. Snida. The Limits of Hegemonic Stability Theory [J]. International Organization, 1985, 39 (4)：579

[121] 牛震. 关于霸权稳定论及其评价 [J]. 国际关系理论, 2000 (10)：22-27.

[122] 郭树永. 评霸权稳定论 [J]. 欧洲, 1997 (6)：16-19.

[123] 徐佳. 对霸权稳定论的解读与评判 [J]. 学术交流, 2009 (4)：37-40.

[124] J. Kirshners. Money is Politics [J]. Review of International Political Economy, 2003, 10 (4)：646.

参考文献

[125] J. M. Keynes. The Consequence of the Peace [M]. London：Macmillan and Co. Limited, 1919：220.

[126] K. Menger. On the Origin of Money [J]. The Economic Journal, 1892, 2 (6)：239-255.

[127] C. A. E. Goodhart. The Two Concept of Money：Implication for the Analysis of Optimal Currency Areas [J]. European Journal of Political Economy, 1998 (14)：407-432.

[128] G. F. Knapp. The State Theory of Money [M]. London, Macmillan, 1924：1-113.

[129] L. R. Wray. Understanding Modern Money：The Key of Full Employment and Price Stability [M]. Edward Elgar Publishing Limited, 1998：155-177.

[130] D. M. Andrews. International Monetary Power [M]. Cornell University Press, 2006.

[131] 赵柯. 货币的政治逻辑和国际货币体系的演变 [J]. 欧洲研究, 2011 (4)：52-68.

[132] 孙尚花. 资本金融全球化和我国利用外资的对策 [J]. 山西青年管理干部学院学报, 2001 (2)：44-46.

[133] 陈高翔. 论美国控制下的 IMF 与金融霸权 [J]. 南方金融, 2003 (9)：16-21.

[134] 徐强. 增强我国经济国际主导权的思考 [J]. 中国国情国力, 2008 (9)：11-13.

[135] 章玉贵. 占优策略、话语范式与美国金融资本力 [J]. 国际观察, 2012 (4)：63-71.

[136] 章玉贵. 警惕外资蚕食中国经济主导权 [J]. 长三角, 2008 (3)：26-27.

[137] 严海波, 江涌. 掌握金融主导权 [J]. 瞭望新闻周刊, 2009 (33)：11-14.

[138] 张茉楠. 中国争取碳金融主导权刻不容缓 [N]. 中国联合商报, 2010-01-13.

［139］徐强. 大国功能分工、经济复苏前景与中国主导权建设［J］. 经济研究参考, 2010 (12)：4-10.

［140］张谊浩, 裴平, 方先明. 国际金融话语权和中国方略［J］. 世界经济与政治, 2012 (1)：112-127.

［141］Li Xing, Oscar GarciaAgustin. 金砖五国视阀下的全球"相互依存式主导权"的出现［N］. 中国社会科学报, 2013-09-11.

［142］周炼石. 当前国际金融格局的重大变化及趋势［J］. 新金融, 2011 (12)：10-14.

［143］朱世龙. 二十国集团与世界经济秩序［J］. 世界经济与政治论坛, 2011 (2)：42-56.

［144］韩冰. 美欧预借自贸谈判强化主导权［N］. 国际商报, 2013-07-15.

［145］宿景祥. 美国决心固守美元霸权［N］. 中国保险报, 2014-01-20.

［146］丁一凡. 平衡木上的金融游戏：从债务危机到金融危机［M］. 北京：华夏出版社, 2002：75-77.

［147］李天栋, 冯全普. 次贷危机与国际金融秩序重构的博弈分析——兼论我国对全球性资源布局的战略［J］, 复旦学报 (社会科学版), 2009 (3)：21-28.

［148］饶艳. 试论金融全球化下发展中国家的金融主权［J］. 行政与法, 2004 (1)：52-54.

［149］刘沛, 卢文刚. 金融安全的概念及金融安全网的建立［J］. 国际金融研究, 2001 (11)：50-56.

［150］R. Prebisch. Commercial Policy in the Underdeveloped Countries ［J］. American Economic Review, 1959 (5)：251-273.

［151］王仁祥, 张应华. 基于财富标志视角的国际金融主导权演变研究［J］. 广义虚拟经济研究, 2012 (4)：21-28.

［152］王志军, 李新平. 国际金融中心发展史［M］. 天津：南开大学出版社, 2009：3-22.

［153］余治国. 世界金融五百年 (上)［M］. 天津社会科学院出版社,

2011：86.

[154] ［美］罗伯特·特里芬. 黄金与美元危机——自由兑换的未来（1960）［M］. 陈尚霖，等，译. 北京：商务出版社，1997：1-14.

[155] ［美］罗伯特·吉尔平. 世界政治中的战争与变革（1981）［M］. 武军，等，译. 北京：人民出版社，1994：109-183.

[156] ［美］保罗·肯尼迪. 大国的兴衰［M］. 北京：国际文化出版社，2008：152-352.

[157] ［美］罗伯特·基欧汉，约瑟夫·奈. 权力与相互依赖［M］. 北京：北京大学出版社，2002：12-18.

[158] 张军. 现代产权经济学［M］. 上海：上海生活·读书·新知三联书店，1994：47.

[159] R. O. Keohane. After Hegemony：Cooperation and Discord in World Political Economy［M］. Princeton University Press，2005：85-88.

[160] 陈雨露，杨栋. 世界是部金融史［M］. 北京：北京出版社，2011：182-194.

[161] 凯恩斯. 就业、利息和货币通论［M］，高鸿业，译. 北京：商务印书馆，1987：22-43.

[162] 阮加. 货币供给、就业、经济增长之间的关系研究［J］. 管理世界. 2010（6）：167-168.

[163] I. Fisher. The purchasing power of money［M］. New York：The Macmillan Company，1922：112-149.

[164] 邓聚龙. 灰色系统理论教程［M］. 武汉：华中理工大学出版社，1990.

[165] 刘佳. 二十年后的世界格局［J］，中国新时代，2013（1）：12.

[166] 胡锦涛. 通力合作，共度时艰——在金融市场和世界经济峰会上的讲话［EB/OL］，新华网，2008-11-16.

[167] 张应华，王仁祥. 国际金融主导权的形成、演变与未来［J］. 广义虚拟经济研究，2013（3）：29-36.

[168] 张瑾. G20和国际金融机构改革［BD/OL］，中国网，2013-09-06.

国际金融主导权：

形成与转移

后

记

我博士毕业四年多了，在新单位工作不可谓不努力，但是内心常常感到迷茫和惆怅。近段时间，为了出版这本专著，在认真修改文章的同时，好好回顾了我的前半生，梳理了这一路走来的心路历程。虽然一路走得比较波折，但是也很幸运，总有贵人相助。让我又重新找回了前进的动力和方向，不忘初心，砥砺前行。

我坚强地活下来了

1978 年冬月，改革开放的前夜，我出生在湖北省巴东县野三关镇的一个贫困小山村。我是母亲所生的第四胎，前三个孩子都在此之前夭折了。幸运的是，我活下来了。我刚出生不久，父母比较迷信，可能也担心我像前面的小孩一样长不大，就偷偷地把我抱到当地一个算命先生那里给我算命。算命先生说我命比较硬，所以"克"死了前三个，以后也只能生个妹妹，不能有弟弟。两年后，我妹妹出生了。算命先生还说我要长大成人，要过六岁和十二岁两道坎。后来，在我一岁和六岁的时候出现了两次灾，也许是巧合吧。

一岁多时，一次我病得厉害。医院通知说，治不好了要求出院。回到家后，听说当时修国道（318 国道）的一个工人懂医术，父母就找到他。他说也没把握，只能试试。父母拿着他开的药单，托关系在医院开了药回来。听说就是一点像草根一样的东西，熬给我喝。两天过去了，仍不见起色，我奄奄一息了，家人都在给我准备死后用的木匣子了。当时一个正在追求我姑姑的叔叔在我家，吃面条时，他把筷子在我嘴边戳了戳，结果我的嘴唇竟然动了一下。转机出现了，家人看到有希望，赶忙继续给我喂药。非常幸运，就这样把我从死亡线上拉了回来。这位工人医生是个外地人，父母一直想报答他，却不知道是哪里人。多年以后，他挑担子四处卖东西走到我家来了，我母亲还特意留他在家招待，并给他做了几套衣裳。

父母可能担心我六岁有道坎，就没送我上学。六岁那年我从家楼梯上摔下来，摔在了楼梯下堆放的煤炭上面，脸上摔了个洞，至今还有伤疤。在我十二岁的时候，也就是小学六年级的时候，我被发现得了风湿病，我的腿经常疼痛、酸软、走路无力。

我有读书的命

那位算命先生还说我有靠书吃饭的命，将来很会读书。实际上我从不相信什么算命，我坚信自己的命运靠自己掌握。可我后来确实读书成绩还可以，这也许就是心理暗示的作用吧。我从小就想上学，有一天我们村小学的一位老师来到我家，我母亲就说能不能把我送去上学啊，老师说上学可以，但是学生是不能抽烟的。我小的时候，喜欢抽烟，喝浓茶，因为外公舅舅他们娇惯的。自那老师说过以后，我就再也没有抽烟了。小学前三年就在村里的小学上的，那时成绩总是班上第一。其实，我很懒，经常不做家庭作业，到学校被老师惩罚。

有一天，我在家附近的小卖部买东西。当时我的一个堂叔也在那里，有人就对着堂叔说："你这个侄子读书可厉害了。"我堂叔顺口就说："读得书的孩子，家里供不起，供得起的孩子，又读不得。"也许他说得就是一个事实，可说者无心，听者有意。我回家就把这话给母亲说了，我母亲当时就说："只要你读得书，我们就是砸锅卖铁也供你读。"自从有了我，母亲就像变了一个人，生活得很有希望，非常勤劳，我们家也从村里最穷的人家慢慢富裕起来。不过母亲从不关心我学习，每次放学回家都会给我和妹妹安排家务事做，割猪草、喂猪、做饭、做农活，什么都干，放牛算是轻松活了。

我开始自觉学习

小学四年级我就转到镇上的小学了，在那里我的成绩只是班上前十名。第一名是我家附近的一个小孩，他父母从一开始就送他在镇小学读书，成绩一直很好。有一天，他爸爸看见了我，就对我说，"你再也搞不到第一名了吧"，因为他儿子是第一名啊。这句话，深深地印在了我心里。

也许是自尊心的原因吧，从那时起我开始自觉学习了。放学回家，我赶快把母亲安排的事情做完后，就自己做作业了。每天早上 6 点多我就起床，自己做饭，有时还给父母的饭一起做了。他们也很辛苦，特别是母亲，经常忙得没时间做饭吃。好多次我晚上睡了一觉醒来，还看见母亲在忙碌的样子。这些都在我心里落下了根，我知道我要好好读书。到小学毕业的时候，我的成绩超过第二名二十多分。其实，我跟他的关系非常好，从我们家到学校要走三公里的路，我们经常结伴一起上学。

我儿时的梦想

那时，放学的时候，特别是只有我一个人的时候，经常会海阔天空地乱想。比如我会想，我们农村，怎样才能富裕，怎样才能减轻农民的劳动负担。甚至想到山区农田如何改成梯田，然后用机械化作业。这些年，家乡发生了天翻地覆的变化，但是山区农民的耕作种植方式变化不大。从那时起，我就特别崇拜毛泽东同志，觉得他改变了中国人的命运，为社会做出了巨大贡献，并收藏了一张他的彩色照片。我最早接触到的书籍就是家里面的《毛泽东选集》，里面有毛泽东同志的画像。也可能从那时起，在我的内心里，就有一种潜意识，希望自己也能做一个对社会有用的人。这也许是我最近两年迷茫和惆怅的原因吧，想想现在的行为，与当初的梦想，感觉相差太远了。

我和继爷爷闹矛盾

对我而言，小学毕业的那个暑假发生了一件大事。暑假的一天，我的继爷爷和父母因琐事发生争执。继爷爷发脾气，拿着镰刀去砍了我家门前的苹果树。刚好那棵苹果树是我栽的，我气不打一处来，未加思考地就从门背后拿出一根扁担来，朝正在砍树的继爷爷屁股上打了四扁担，就跑了。这次我闯下大祸了，继爷爷到处找人，并且在家磨刀霍霍，声称要把我这个张家的"独苗"给灭了。我怕了，就跑了，跑到我大姑家。继爷爷的老家也在那一块，我去找了他的一个堂弟，把事情的经过缘由一五一十地全告诉他了，那个爷爷说，肯定是我继爷爷的不对，叫我不要害怕。

205

过了大半个月，我悄悄地溜回了家，我母亲就把我锁在家里做事。我们跟继爷爷住在一栋房子里，他也知道我回来了。他找了村干部，一天后，村支书就来到我们家处理这件事情。村支书首先批评了继爷爷，说事情首先由他引起，他砍树本来就不对，再说爷爷也不能跟孙子过不去。并且对继爷爷说，哪怕不是亲孙子，只要好好对待就跟亲孙子一样。然后就批评我，说我怎么这么大脾气，怎么也不能打爷爷啊，并罚我给爷爷把水缸里的水挑满。

继爷爷也缓和了语气，对我说，他是如何的喜欢我，平时对我也不差。并说到，他当时去找了我的堂叔（就是前面提到的那个堂叔），我堂叔说，孙子打爷爷天理不容，让他去学校告状。说我打他，要让学校开除我，让我读不了书。他说他想了想，还是不害我，没有去这样做。其实，我后来也知道了，不是他没去做。事实是，他去了，学校放假了，没人理他。

我堂叔的这些话，可以说是非常狠毒的，当然也成为我后来努力读书的动力。现在我们关系很好，我早就想开了，不去记恨这些事情，反而非常感谢他。他的这些话，一直陪伴着我度过了那些艰难的日子，一遇到困难我就会以此来鞭策自己，成为我奋发图强的动力。有句话说的好，我们要感恩对我们好的人，也要感谢那些对我们不好的人。对你好的人让你暖心，对你不好的人让你发奋。他教会了我，什么叫坚强，什么叫发奋。

我和继爷爷搞好了关系

我上了初中以后，和继爷爷的关系变得非常好。我对他说，"只要你把我当亲孙子看，我就把你当我的亲爷爷"。母亲也经常叫我帮他做事，哪怕他们之间吵架了，母亲依然要我们小孩不要揽和。我上初中的时候，每个星期，继爷爷就会用他的那个黑钢筋锅给我送一次菜。放假回家也会经常叫我去吃饭，我不管饿不饿，好不好吃，只要叫我，我就去。每年过年他都会给我们压岁钱，在我后来上中专的时候，每学期都给一百块钱。我学驾驶的时候，他还给了我五百块钱。以前他总觉得靠不住我们，因为他没有儿子，只有两个女儿，也就是我的两个小姑姑，都嫁到浙江去了。

1983 年的时候，他也跟到浙江去了，但是生活不习惯又回来了。他原本没想过老了要依靠我父母，要么想着依靠他的侄子，要么想着依靠一个花言巧语的邻居。事实证明都不现实，最后还是依靠我们。

继爷爷去世后引起的风波

1998 年农历 3 月 23 日，继爷爷病了。当时我在镇上的交通运输管理所实习，回来了。我要送他去医院，他说不去，他要找当地的一个农村医生。我们也以为不是很严重，因为每次有病的话，他都会要求去医院，而且这次他食量未减。前几天他还在卖东西，并请人帮忙种地。我回来后，他还要我吃奶奶做的糯米米酒，那次的米酒很好吃。因为当天医生没空来，我交代了父亲第二天继续去接医生。当天晚上跟继爷爷说好后，我就去镇上运管所了。第二天一早，妹妹去找我，说继爷爷过世了。我非常惊讶，马上回家。父亲天还没亮就去接医生了，还没回来。听奶奶说，半夜他还吃了半碗粥。再醒来，奶奶就发现他没气了。

当时正值农忙季节，给我帮忙的人和道士都建议我第三天埋葬（俗称"上山"）。我们当地风俗是，埋葬前一天举行悼念活动（俗称"闹夜"），主要内容之一就是跳土家族的撒尔嗬，所有亲朋好友前来悼念（俗称"看信"）。由于我的两个小姑姑远在浙江，第二天赶不回来。为了等到他们回来见继爷爷最后一面再埋葬，我坚持安排第三天晚上"闹夜"，第四天"上山"。第三天晚上大概八九点时，她们回来了。在下车后，不知道是谁告诉她们，说继爷爷死了十几天了，而且是喝毒药死的。这可掀起了一场不小的风波。

她们到家后，就大吵大闹。当时我母亲就晕倒了，给我帮忙的人也陆续走了。后来，闹到了半夜，我也没办法，只好把奶奶叫出来，让她把事情经过原原本本地说了，她们才算消停了。但是，我最小的姑姑说，要按照浙江的风俗将继爷爷在家里放半个月。半夜了，我找到二姑姑说，现在正值农忙季节，如果继续闹下去，就没人帮忙了。我的意见还是让亡者入土为安，要是非要放半个月，那我就不管了。最后，她们都同意了第二天按计划埋葬。可是帮忙的人走的差不多了，没办法，我又亲自到几个主要管事的人家里，给他们磕头请他们帮忙。第二天顺利把继爷爷送"上山"了。这件事是我人生中受的最大委屈，以前只要一提起这件事，我就会控制不住情绪。因为我为了让几个姑姑能见上她们的父亲最后一面，坚持多在家里放了一天，结果她们回来不仅不领情，还大闹。现在好了，我早已抚平了内心伤痛。

我的父亲和母亲

说到这里，我不得不说一下我的家庭。我的家庭关系比较复杂，也比较特殊。父亲六岁的时候，爷爷就死了，留下一个忠厚朴实的奶奶，还有一个两岁多的大姑。我爷爷他们四弟兄，是一个大家庭，住在一个屋场，因为成分不好，被划分为富农。后来继爷爷跟我奶奶结婚了，由于他经常虐待我父亲和大姑，大奶奶二爷爷就会批评他，于是他与距离老屋场两里路的人家换了房子，搬到了现在这个地方住。我奶奶本来就是老实人，加之又有个富农成分，无论在家在社会上都没有地位，继爷爷为了划清与我奶奶在成分上的关系，就更加虐待我父亲兄妹俩了。在家里，他们经常没有饭吃，经常挨打。在社会上，又是富农子弟，也受欺压。我父亲就是在这样的环境下成长的，是一个真正的老实好人。所以，我从小就养成了比较独立的性格，参与家庭的大小事务。

我的母亲，在她八岁的时候，外婆就死了，跟我父亲算是同命之人。听说，外婆是怄气伤肝死的。因为外公家以前很富裕，土地改革那年，我外公的爸爸被抓了，半年后死在了牢里。他们家也被抄了，我母亲就是那年出生的（1951年）。她出生不久，他们家就被赶到荒山上去了，我外公就在那里搭了个草棚居住。外公家虽然被划为地主，以前给他们家做事的很多人还是对他们比较好。虽然不敢直接跟他们讲话，却经常在我外公路过的地方，给他留一些食盐等生活物资。被赶到荒山后，外婆就病了，过了七八年就去世了，还给我母亲留了两个弟弟，当时大舅舅五岁，小舅舅才2岁多，因病成了哑巴，他很聪明。从那时起，母亲就承担起了女主人的角色。我外公在外面做事，挣钱挣吃的，母亲在家操持家务，照顾两个舅舅。外公自此一生未有再娶，那时他才二十多岁。对我母亲而言，与父亲相比，她是幸运的，没有后妈虐待她。我的父母都是可怜的人，外公可能就是因为我父母两个人相似的遭遇，才坚定地要我母亲嫁给了父亲。

我的母亲和父亲经常吵架，但是他们从未说过离婚。哪怕是在20世纪80年代初，我们家里那么穷，那时好多女人因为贫穷，选择离家出走，或被人卖了。好多人都劝我母亲早点和父亲离婚，说跟着我父亲一辈子不会有好日子过，但是都被她拒绝了。她虽然经常会抱怨我父亲，这也不行那也不行，但是从来不准我们兄妹俩说父亲的不是，还教育我们要孝敬他，尊重他。父亲受了三次大灾，都是母亲照料的。一次从两层楼的房子上面摔下来，一次在拖拉机上，拖拉机未停稳就跳了下来，一次在乘坐一个载粉煤的大货车时翻车了。三次都是重伤，可能也是这些原因导致父亲后来反应有些迟钝。

我中专时的梦想破碎

1994年，初中毕业，我进入中专学习。其实，在报考中专以前，我从未想过要读中专，我一直梦想的就是要读大学，还要读好大学。而且我的成绩一直比较好，小学和初中都考过全校第一。但是因为当时我有风湿病，而且家里人一直想我读中专，所以我在填志愿的最后时刻选择了中专。在读初一的时候，我的风湿病一度很严重，甚至上不了楼梯，从中学回家的两公里路走得都很吃力。后来经过吃药虽然腿好些了，但是又经常头痛。走路的时候，腿痛；学习的时候，头痛。所以，最后填志愿的时候我犹豫了，怕到时候身体不好，力不从心。

到中专以后，我就规划了自己的人生目标，当时计划中专毕业自考大专也毕业，同时考上成教本科，再读个研究生，正常的话27岁博士毕业。在中专一年级第一学期的时候，我就报考了中南财经政法大学的自考专科，并过了一门哲学。第一学期末时，学校校长给我们通报了一个喜讯，说我们学校每年可以保送一个毕业生去读大学本科。听到这个消息后，我就把目标定位为要争取这个名额。当时想，要获得这个名额，必须要得到学校领导的认可，光学习成绩好不行。要怎么才能争取到这个名额呢？我没有关系，也没有金钱，唯一的办法就是争当学生会主席，这样可以引起领导的重视。目标确定以后，我就一心努力做学生会的工作，放弃了自考。

到中专学校的第一年，我通过节约生活费，买了一部凤凰305B照相机，开始跟着一位老师学照相。等学会了照相技术后，我开始为同学们照相，并经常利用周末的时间去其他学校为学生照相，赚外快。在这个过程中，我也认识了学校里很多同学，有的成了我要好的朋友，甚至是挚友，其中一个成为我至今都一直要好的兄弟。在学生会，我一开始在学习部，后来把我调到劳动卫生部。刚好，那年我们学校参加全国交通系统示范学校评估，所以我的工作得到了学校领导的认可。就这样，有了领导和同学们的支持，我如愿以偿地当了学生会主席，后来学生会主席的工作也做得有声有色。

1996年，比我高两届的那位学生会主席，被保送去读大学。然而不知何故，他个人并没有去学校读书。这件事让主管我们学校的交通局也很难为情，导致学校保送一事再也没提了。就这样，我保送大学的梦碎了。1997年伊始，在中专的最后一年，我又重新拾起自考，这一年我合格了9门课程。我读中专还有一个很大的收获，那就是因为我在学校坚持锻炼，风湿病痊愈了，正所谓福祸相依。

我中专毕业就失业了

我是属于中国最早毕业就失业的那批学生。1998年，国家实行大规模的行政事业单位改革，记得当年国务院机构改革从原来的51个部委一下砍到29个部委，很多行政事业单位都不进人。此前国家对大中专毕业生一直实行包分配的政策，但是1998年开始，对中专毕业生不包分配了。很不幸，我正好在那一年中专毕业。好像是老天给我开了一个天大的玩笑，读初中时从来没想过读中专，最后在父母的要求下读了。选择读中专的目的也是因为包分配，可以早点出来工作，减轻家里负担。谁想到等我毕业后不包分配了。这对我的教训就是任何事情都要以发展的眼光看问题，不能鼠目寸光，只看眼前。当然，这件事对我也不能说就一定是坏事。任何事情都要辩证地看，要是我毕业就像以前的同学一样直接分配到交通局或公路段工作，也许人生又是另一方景象了，也许早就被腐化和堕落了。还有，有时候很多事情也无法马上评价其好坏，像我因为中考成绩好，读中专考了省级中专，读四年；而成绩一般的同学读普通的中专，读三年。但是读三年的同学比我早毕业一年，结果是他们被国家安排工作，我就没有被安排工作了。我也不知道这到底是好还是坏，至少在当时还是认为不分配工作是一件不好的事情。

我在浙江学驾船

后来，我在浙江姑姑的邀请下，去了浙江温州打工，并要我就在那里好好发展，以后在当地找个姑娘结婚安家。她们让我进工厂，开出租车，我都觉得不好，最后我跟着姑父学习船舶驾驶。大半年后，我掌握了驾驶技术，当时在当地每月最多可以挣 3000 多元钱。但是，当风和日丽，驾船航行在广阔的瓯海（温州人把海口那片区域叫瓯海）时，我感觉是那么的无聊。当时就心想，难道我一辈子就要这样过吗？要是我能开一个商店赚钱养活自己，闲暇之余又可以读书学习多好啊！

1999 年 6 月的时候，老家那边有个通知，对我们那批没有分配工作的中专毕业生，再招考一部分，算是最早的公务员考试吧。于是，我毫不犹豫地回去了。我虽是交通学校毕业的，但是交通系统不招人。为了能考上，我报了畜牧局，因为我知道虽然畜牧局工作累，但是收入要比一般单位高那么一点。从报名到考试总共只有 14 天时间，很多人都复习准备了大半年。我也没有复习资料。幸运的是，我们镇上邮政局的一位长辈的儿子当年也要考试，他为儿子准备了资料。这位长辈平时就很关心我，他让我和他儿子共用一份材料。出乎意料的是，我居然考了畜牧系统全县第一名。

我成了一名乡村兽医

1999 年 11 月，我被分配到我们镇畜牧兽医站，站里又把我安排到镇里最偏僻的一个管理区。单位的书记乘着一辆破旧的中巴车，经过一个多小时的国道线，再经过一个多小时的泥坑乡村公路，把我送去了上班的位置。单位的房子坐落在山谷的河边，对面就是一座陡峭的大山，往上望去就像是坐在天井一样，山顶与天际相连。我的心顿时就凉了，感觉就像发配一样。上班的第一天晚上就喝醉了酒，醉得很厉害。我跑到公路上（乡镇公路）去拦车，无巧不成书，在那么偏的位置，我拦的车居然是中专时那位最好的兄弟的车，他把我抬回了单位宿舍。当时，我对工作，对前途，对人生是那么的迷茫，又是那么的无助。不过很快我就调整了心态，进入角色，"既来之则安之"，我要面对现实，脚踏实地，先做好一名兽医。本来我的身份当时属于畜牧干部，并没有要求我做兽医，但是我想在基层，面对老百姓就要能为老百姓服务，必须要有一定技术。要当好一名兽医，至少要会阉割、打针这些基本技术，我也就先从这两项开始学。

为了学习仔猪阉割技术，我在单位养了两头仔猪。第二年的正月十五，我留在单位没有回家，在单位一位老医生的指导下做了人生第一次仔猪阉割手术。在较短的时间内，我基本掌握了给猪打针、采精、配种等技术，并非常热情地投入为老百姓服务的工作中去。由于自己本身就是农民的孩子，很能体会到农民的疾苦。所以，每次遇到老百姓的求助，我都会认真对待，经常半夜被老百姓叫去给他们诊治牲畜。自己不懂的就及时向老医生学习，向书本学习。在当地，与老百姓打成一片，赢得了老百姓的认可和好评。

我工作中的斗争

当然，我们的工作中，也有斗争。因为我们还要做动物的防疫检疫，并且还要找老百姓收费。由于给牲畜打防疫针，牲畜可能有一定的不良反应，甚至死亡。所以，个别老百姓，特别是上了年纪的老年人，不愿意接受给他们的猪、牛、羊打防疫针，极少数态度很激烈。再加上，当时打预防针不是免费的，要找他们收费。给他们的牲畜打针他们都不愿意，还要找他们收费那就更难了。所以经常要反复的给他们做工作，讲道理；有些时候，通过对他们的帮助，拉近与他们的感情，感化他们，看到我为人好，就把钱交了。

更难对付的是猪贩子。他们贩猪、牛、羊出去，首先要接受我们的检疫，确认没有传染病才能出境。同时，还要向我们缴纳检疫费用，本来应该向老百姓收的，但是一般老百姓在卖猪时都会说他们自己不管检疫费，也就是说猪贩子买猪时就会考虑这块费用。除了检疫费，还有税收、工商管理费。如果这些费用都交齐，要几十块1头猪，这样就给了猪贩子巨大的逃费动机。哪怕只收购了10头猪，要是逃脱了我们的检疫，也就是逃脱了几百块钱的费用。我们跟他们之间也成了猫捉老鼠的游戏，要与他们斗智斗勇。也因此这项工作会面临危险，我有同事在一次与猪贩子的斗争中牺牲了。

我在工作中也遇到过一个凶恶的猪贩子。我22岁那年冬天的晚上，我们当时得到消息，有人在收购生猪，当晚要从我们那里经过，要我们值班检查。当时只有我和一个比我小两岁的小伙子值班。在大概晚上十二点的时候，一辆农用车拖着十几头生猪从我们检疫站通过，我俩就堵在车子的正前方把车拦住了。当时从车上下来两位大汉，一位身材魁梧，穿着棉大衣，脸上一道从左眉连接到右嘴唇的刀口伤痕深深地印在他的脸上，很明显应该是被人用砍刀砍过后留下的伤疤，这个人俗称"刀把子"。这位"刀把子"手持一把一米多长的马刀，将那锋利的刀尖直接对准我的胸口，大声地吼道："让不让。"我也毫不退让地说道："不让。"他就这样将马刀一直戳在我的胸口，我也不知道哪里来的勇气，那时候就是不让。他继续大声说道："老子想做点正当生意，你们也不给活路"（后来才知道，他坐牢刚出狱，是被另外一个贩子聘请当打手的）。我和他辩论道："你今天收猪是为了生活，我今天工作，也是为了生活，要是你逃跑了，我的工作丢了，我也没法生活了。但是你暴力抗拒检疫，是违法的。我坚持原则，是合法的。如果今天我死了，会封为烈士，但是你会被枪毙，先死的容易后死的难。"

他们俩唱双簧，一个唱黑脸，一个唱白脸。见我们不是好吓唬的，另外一个人就把我的同事拉到一边开始跟他说好话，求情要我们放过。由于在晚上，我们势单力薄，也没有援军，所以也顺梯下楼，同意给他们一定的减免。就这样我们既坚持了原则，又保持了灵活性，完成了任务。但是我们深知，这两人始终是我们工作的难题。我们向总站领导汇报了具体情况，后来在"五号病"疫情来袭的时候，抓住机会好好地惩治了他们一番。后来一想起那个晚上的那一幕，不禁一阵背凉。心想，幸好那次是冬天，衣服穿得厚，要是夏天，心烦气躁，衣服也穿得少，万——激动，说不定那锋利的刀尖有可能就刺向了我的心脏。

我承包了单位的门市部

我们单位（我工作的那个地点，也就是镇下面的一个管理区，以前的一个乡）有三个门市部，在我去的时候是由一位女同事承包经营的，这位女同事跟我年龄相仿。门市部主要经营老百姓常用的日杂百货、饲料兽药、简单农业生产必需品。我去了之后，跟她相处的也比较融洽，平常没事的时候，也在店里给她帮帮忙。2001年初上班不多久，她就请假回去了，可能是出于对我的信任，她把门市部的钥匙给了我，我当时也没有多想就拿了。可是过了很久她都没有来上班，后来知道她外出打工去了。而我就这么不明不白的拿了钥匙，没有办理任何交接手续，当然这个门市部在我当初来的时候是入了股的。这时各种流言四起，说为什么同事把这个钥匙给了我，没有交给领导，也没有交给她爸爸（她爸爸也是我们总站的一名兽医，在另外一个管理区工作）。

同时，也有其他同事希望能够承包这个门市部，我也觉得我这么不清不楚地拿着门市部钥匙不是长久之计，就拿着钥匙到镇上总站找我们的领导。我的领导是一位很有魄力、能干，同时也很有"家长式"作风的老领导。我找到了他，把当初拿钥匙的经过原原本本的向他汇报，也说了我为什么拿钥匙。我想着同事不在，兽医站天天要为老百姓服务，不能关门，因为同事当时是说请假回家休息几天就回，所以我就拿了钥匙，现在既然她出去不回来了，我就不能再这样拿着钥匙，即便我要接管门市部，也要办理正规手续。我也向领导承认了自己的错误，当时考虑问题简单，不能继续错下去，我要把钥匙交给领导。领导对我说，我做的是对的，为单位为百姓着想，这钥匙该拿，门该开。他还要我继续拿着钥匙，以后由我承包门市部，单位将派会计来盘存，并办理正式交接手续。就这样，我从单位正式承包了三个门市部。

我的生意经

在我承包门市部的前一年，也就是我到单位的第二年，我承包了单位的猪场。我们这个工作点是老领导从这里发迹的地方，他在这里工作的时候，在这里办了面粉面条加工厂和猪场，当时搞得风生水起，所以这里的猪舍比较齐全。但是我去的前些年猪舍一直空着，只养了一头公猪。我承包了猪场之后，并没有从小猪养起，而是从老百姓家里收购一些他们想出售却不够重量没人要，但是却又急需用钱的半大的猪。我把这些猪在猪场养大，当那些猪贩子从我们这里经过的时候，有时他们恰好可以加一两头，我就卖给他们，这样我的价格卖得也比较好，他们也很划算，因为至少可以赚点运费。同时，我还把单位荒废了的几亩地种植了玉米和红薯作为青饲料，这样我也节约了饲料费。

在我承包了门市部之后，就没有搞猪场了。门市部除了经营老百姓常用的日杂百货、饲料兽药、简单农业生产必需品外，我也进行了很大的改进。首先，我把门市部与单位的药方和检疫办公室打通了，连在了一起，这样我上班就是工作和经营一起做，减去了我在门市部与办公室之间来回跑的麻烦，节约了时间，提高了效率。其次，我在货物采购方面花了一些心思，我经常会采购一些当地没有人卖，又是老百姓所需要的新货。在这个地方做生意都是做熟人生意，每家店都有自己一些固定的客户，一般固定的客户碍于情面关系不好意思再到别家买东西。但是如果他要买的东西是他常去的店里没有卖的，那再到别家买东西，就没有什么不好意思的了。就这样我吸引了许多新客户到我店里买东西。最后，我充分利用我们工作与老百姓关系密切的特殊性，在每年下半年老百姓宰杀年猪的季节，大量采购一些杀年猪需要的必需品，廉价销售。老百姓到我那开取生猪屠宰证的时候，顺便就购买了杀生猪所需要的东西。这也是我的一个很大优势吧。此外，我在不同村发展了几个关系要好的朋友，每到过年采购季，让他们帮我宣传和带动，在年前的十几天里，往往店里挤得水泄不通，人满为患。还有，可能我和老百姓的关系比较好，他们比较照顾我的生意。有人戏称我人缘好，上至七八十岁的老人，下至上学前班的小朋友，都愿意在我店里买东西。

我也做过水泥的代理，帮助建房的老百姓联系厂家直销的水泥，老百姓可以拿到价格比较低的水泥，我也可以拿到一点代理费。我还跟别人合伙囤积过柴油，当时听说油价要上涨了，半年后卖掉每升赚了5毛多，实际上后来涨的更多。这算是炒现货吧。

我的十年自考和成人高考

在此工作期间，我又开始了我的自考之路。我采用先易后难的学习方法，把高等数学留到了最后。2003 年上半年，我专门请假回家复习了两个月高等数学。最后考试查分，高等数学刚好 60 分，我非常激动，连后来考取研究生都没有这样激动过。这也意味着从 1994 年考过第一门课哲学，到 2003 年考过高等数学最后一门课，我的大专自学考试之路，在经过 10 年的漫长马拉松之后，终于结束了。这下又激起了我继续学习的欲望，决定到大学去读成教本科。

当时，我们领导看好我经营管理的能力，2003 年 6 月，把我调到总站去了。要我把全镇 14 个管理区的畜牧经营这一块全管起来，并把镇上单位的三个大门市部承包给我，并承诺给我 10 万元的启动资金。当时我已经在联系读书事宜，就推掉了领导的美意。当年因为非典的原因，往常上半年的成人高考推到了下半年。还是邮政局的那位长辈，把武汉理工大学继续教育招生信息给了我。当时可以先到学校参加两个月的培训，再参加成人高考。看到消息后，我毅然辞去工作。当时领导很不理解我为什么非要走，叫我学习可以搞函授或在职的。我当时决心非常大，我想，去读书肯定会耽误时间，但是那些违法犯罪的人坐牢也会耽误时间啊，那我就当是因为犯了错误坐牢吧，我去学习总比坐牢好吧。来到了武汉理工大学，先经过两个月的成人高考培训，当年 11 月参加了成人高考。那次成人高考，数学考了 147 分，政治考了 127，英语考了 33 分（总分 150），英语全是蒙的，而且正确率还比较低。幸好没有单科成绩要求，总分达到了要求。

我的大学生活

就这样在社会上混过 5 年之后，25 岁的我再次回到了校园。当时，我进大学的目标很明确，那就是要考研究生，读博士。这也让我再次回想起读中专时规划的人生目标，27 岁博士毕业。现实是，我 27 岁时本科才能毕业，不知道晚了多少年。但我依然目标坚定，第一关就是要考研究生。

由于我没有读高中，中专时的主要精力没有放在学习上，我的基础特别差，尤其是英语，就剩下初一的水平（我们是初一才开始学英语）。于是，我一进入大学就开始努力学英语，并在武汉新东方学校报了《新概念英语》系列培训班，每天除了正常上课以外就是学英语。我只是英语四级就考了四次，第一次考了 29 分，第二次 33 分，第三次 56 分，第四次考了 427 分（这次英语四六级考试改革了，总分 710 分）。大学期间，我除了学习，就是锻炼身体，生活非常简单。

我的四次考研路

其实，像我这种基础，应该考纯文科的专业，比如武汉大学的经济法专业。可能是我成人高考数学考了 147 分的缘故，自认为数学学得还可以。我自己也特别想学金融，所以就把目标定为武汉理工大学的金融学硕士。2005 年 6 月，我大学本科毕业了，原单位也愿意让我回去上班，但是我目标已确定，就毫不动摇地留在了武汉备考。结果这次考试总分差 8 分过线，本来可以调剂到贵州大学政治经济学专业，学校还愿意给我公费名额。但是，我当时就想读金融学，觉得读了政治经济学，以后毕业了只能当教师，而我以前从未想过要当教师。谁曾想，我今天还是当了一名教师。

没有考上，也在我的意料之中，原计划就是两年考上研究生。因为毕竟我的基础比较差，所以当时心理压力并不大。一个偶然的机会，我浏览了北京大学经济学院的研究生招生简章，其中复试没有面试，也是笔试。我自认为北京大学研究生复试比较公平，不会考察出身。心想要是能考上北京大学的金融研究生，人生命运可能从此发生重大改变，所以准备奋力一搏。目标确定了，就要为北大而奋斗了。北大金融学当时专业课要考宏微观经济学、政治经济学综合。为了获得北大老师的课件和学生的学习资料，我在网上找到了北大的研究生，找他们买了相关课程的课件、作业、练习等资料，以及时任北大经济学院院长刘伟的论文集。由于已经考过一次，所以上半年我主要在外面做家教赚生活费，从 9 月份开始正式复习，我在学校附近租了房子，开始了我的"校漂"生涯。不幸的是，这次考试并未通过，离北大的分数线还差 30 多分。

第三年，我依然选择了北大。我相信，只要努力一定会考上北大。可是结果英语考砸了，差几分，又没过。这下我的压力前所未有的大，我不知道是该坚持还是放弃。最后，我选择了坚持。因为我认为，做任何事情都有可能失败，就像创业。如果我因为一次失败就放弃了，今天这个放弃了，明天那个也放弃了，最终岂不是一事无成。不过我也对目标做了调整，不再考北大了，而是考武汉理工大学的金融学。同时，我也给自己下了最后期限，这是最后一次。而且还安慰自己，别人做事事不过三，我做事事不过四，再给自己最后一次机会。我还从投资的角度进行了分析，我以前的几次考试就像投资中的沉淀成本，而这次决定是否继续投资（再考一次），只考虑这次成功的可能性与回报，而无需考虑以前的成本。所以，又有了第四次考研。不过这次考研，我没有向任何亲朋好友说，只是告诉了我的妹妹，她很支持我。没敢和父母说，怕他们为我担心。

时间到了2008年9月，上半年照常打工挣钱后，我回到了学校图书馆备考复习。由于常年待在图书馆，图书馆的门卫都成了我的老熟人了。9月下旬，我接到家人的电话，母亲摔倒腰椎骨折住院了。这个消息犹如晴天霹雳，我马上带着钱回到家乡，在医院照顾母亲。半个月后，妹妹从深圳赶回来替我照顾母亲，我又回到学校复习。11月初的时候，母亲出院不到一个月，家里来电话说我奶奶病倒了，当时她已经86岁高龄。母亲也因为要照顾奶奶，自己没有休养好，到现在都有后遗症。那时我天天担心奶奶过世，因为这样的话，我又要回去，耽误备考。那时的压力非常大，头发一把一把的掉。

那个半年，是我人生中最难熬的时期。有时也迷信了，以为这就是我的宿命。但是，我不甘心，没有放弃，终于熬到了考试。幸运的是，这次考试我通过了。我的笔试成绩考了经济学院的第一名，复试也考了第一名。我记得很清楚，复试的时候我抽到了一个题目：谈谈对未来黄金投资的看法。由于当时正处于国际金融危机时期，所以我坚定地看好黄金投资。我的分析也赢得了面试老师们的认可。复试过后，我就去找了我的导师。他当时并没有答应我，但是后来在了解了我的经历后决定收了我，并成了我此后人生的引路人。

我的研究生生活

2009 年 9 月，我终于圆了大学梦。我以全日制研究生的名义，进入武汉理工大学经济学院学习金融学。这一年我 31 岁，一般人大学毕业就考上研究生，大概是 22 岁左右，我比别人晚了八九年。我非常珍惜来之不易的学习机会，几乎每天都是起早贪黑。自从 2003 年离开家乡到武汉求学，我已经习惯了安静地坐下来看书、学习，这是我以前做不到的。期间跟着导师做了不少课题，有政府的、企业的、国家社科基金的。同时，也开始学习写论文，其实我语文一直不好，很少写文章。

时间很快就到了 2010 年下半年，学校每年有推荐硕士研究生直接攻读博士的指标。读博士也是我早期的人生规划之一，只是那时我已经 32 岁了，因此有点犹豫了。导师找到我，问我有没有这个意愿，当时我就放弃了。可学院的一位老师，也很关心我，得知我放弃了这次机会，就找我谈心。因为以前我跟他说过我有读博士的想法，他知道了我放弃的主要原因在于年龄和经济压力之后，就鼓励我，要我坚持。在他的鼓励下，我又找到导师，写了直博申请。就这样，我采用了"2+3"的模式，攻读了硕士和博士学位。

在读硕博期间，我也完成了我人生的另外几件大事，找到了我人生的挚爱，有了可爱的儿子。我的导师，不仅在学术上关心指导我，也在生活上帮助我。由于我已经是社会人，上有父母，下有小孩，经济压力还是比较大的。导师除了每个月固定发给我一些津贴外，还另外想办法帮我增加一些收入。实际上，我在读研究生期间，收入已经与普通上班族差不多，完全满足了我的正常开支。这也让我可以安心地做论文和学习。

我博士毕业后的艰难抉择

2014 年博士毕业时，对于就业又要面临新的选择。我以前考研时，想的很清楚，就是学好金融，以后到金融类公司去工作，我非常看好中国金融业的发展前景和薪酬待遇。但是到毕业了，主要是年龄也不小了，又有了家庭，家庭和事业都要兼顾。原本是想去上海或深圳金融发达的城市工

后记

219

作，考虑到那边的房价，还拖家带口的，要安家很不容易，所以这条路就放弃了。后来又想到创业，因为以前我也做过生意，算是有点经验。当时想到了一个农业项目，就是种植反季节香椿。我跟我要好的兄弟，就是中专时的那位挚友，一起进行了市场前景、种植技术、投资收益等方面的考察。当时认为，这还是一个不错的投资项目。后来还是放弃了，一方面是前面所提的原因，另一方面就是觉得与我所学相差甚远。我觉得，我花了这么多年时间求学，不仅仅就是为了一张文凭。我想还是应该用自己所学，既为社会做贡献，也为自己谋生。所以，我最后选择了教师这个职业。

这也让我想到，现在的中国教育就是存在这种现象。上大学之前每个人目标都很明确，那就是要考一个好大学，但是等到大学毕业了，都迷茫了，不知道自己想干什么。要是从小就慢慢地认识到自己的兴趣所在，自己将来想干什么，并朝着这个方向努力，哪怕考一个一般的大学，说不定也会在事业上有很大的成就。所以，人生不能把读书作为目标，读书只是实现目标的途径或手段。

重拾初心，砥砺前行

回顾过去，不是为了炫耀自己丰富的人生经历，也不是要博得各位读者的怜悯，而是要重拾初心，砥砺前行。回想过去，我虽经坎坷，但从未放弃。

是什么原因让我那么自信，相信自己一定能行呢？

应该是信念吧！就是坚定地相信自己，只要努力一定能行的信念。信念的力量是巨大的。红军能够翻越雪山，走过草地，在条件极其恶劣的情况下，走完两万五千里长征路，靠的就是相信共产主义理想一定能够实现，红军一定会胜利的信念。拥有必胜的信念，并脚踏实地地去行动，我们离目标就会越来越近，我们的自信就会越来越有力量。

为什么现在迷茫和惆怅了？

原因在于渐忘了初心。因为有了家庭，理想变得遥远，现实就在身边。于是越来越多的考虑现实问题，而慢慢地渐忘了原来的梦想。涉及现实问题，那就存在经济方面的问题。而我的职业本身就不是一个赚钱的行业，不能解决现实生活中的很多问题。于是，心里就矛盾了，惆怅了。我既没有因为理想而做出什么贡献，也没有因为现实而获得很多收入。

回顾过去，每当理想与现实相矛盾的时候，我总是坚定地选择理想。虽然并没有做出什么贡献，但是我一直走在朝向梦想的道路上。

刚好，2018 年申报的"基于国际金融主导权的大国货币博弈研究"的国家社科项目获得立项资助，这也坚定了我的研究方向，对未来也更有信心了。

想到这些，我也就豁然开朗了。我将重拾初心，砥砺前行，继续为理想而努力奋斗！